MINISTÈRE DES AFFAIRES ÉTRANGÈRES.

DOCUMENTS DIPLOMATIQUES.

NÉGOCIATIONS COMMERCIALES

ENTRE

LA FRANCE ET LA GRANDE-BRETAGNE.

AOÛT 1880–FÉVRIER 1882.

PARIS.
IMPRIMERIE NATIONALE.

M DCCC LXXXII.

MINISTÈRE DES AFFAIRES ÉTRANGÈRES.

DOCUMENTS DIPLOMATIQUES.

NÉGOCIATIONS COMMERCIALES

ENTRE

LA FRANCE ET LA GRANDE-BRETAGNE.

AOÛT 1880-FÉVRIER 1882.

PARIS.

IMPRIMERIE NATIONALE.

M DCCC LXXXII.

TABLE DES MATIÈRES.

A.

DOCUMENTS DIPLOMATIQUES.

NÉGOCIATIONS COMMERCIALES

ENTRE

LA FRANCE ET LA GRANDE-BRETAGNE.

AOÛT 1880-FÉVRIER 1882.

N° 1.

Sir Charles W. Dilke, Sous-Secrétaire d'Etat de Sa Majesté Britannique pour les Affaires étrangères,

à M. Challemel-Lacour, Ambassadeur de la République française à Londres.

(TRADUCTION.)

Foreign Office, 14 août 1880.

Monsieur l'Ambassadeur, en connexité avec la question générale des relations commerciales entre les deux Pays et en me référant à notre entretien relatif aux droits perçus en France sur les huiles minérales britanniques, j'ai l'honneur de transmettre à Votre Excellence un memorandum sur ce sujet.

Le Gouvernement de Sa Majesté a la confiance que le Gouvernement français voudra bien fixer son attention sur ces observations, et qu'il prendra des mesures pour donner effet aux stipulations du traité du 23 juillet 1873, en ce qui concerne cette branche de commerce.

Le but du Gouvernement de Sa Majesté est d'obtenir que la corrélation entre les droits sur les huiles minérales brutes et les droits sur les huiles minérales raffinées anglaises soit fixée en conformité avec l'arrangement conclu en 1873. La question porte sur des détails techniques, et le meilleur moyen d'arriver à une entente, serait, ce semble, que ces détails fussent dorénavant discutés par des agents des deux Gouvernements familiarisés avec cette matière.

J'ai l'honneur, etc.

CHARLES W. DILKE.

ANNEXE.

MÉMORANDUM

AU SUJET DES DROITS SUR LES HUILES MINÉRALES ANGLAISES IMPORTÉES EN FRANCE

(TRADUCTION.)

Les difficultés en cette matière sont nées de la corrélation établie par la loi du 29 décembre 1873 entre les droits sur les huiles minérales brutes et les droits sur les huiles minérales raffinées. Cette corrélation est tout à fait disproportionnée; elle favorise l'importation des huiles brutes et du pétrole, tandis qu'elle agit comme un droit différentiel contre les huiles minérales raffinées britanniques. L'article 4 du traité du 23 juillet 1873 entre la Grande-Bretagne et la France contient les dispositions suivantes :

« A partir du 1er janvier 1874, ou plus tôt, si faire se peut, les huiles minérales, d'origine britannique seront admises en France et en Algérie au droit de douane de 5 p. o/o, c'est-à-dire au taux du droit en vigueur avant la loi du 8 juillet 1871. Il demeure cependant convenu que lesdites huiles devront, conformément aux dispositions de l'article 9 du traité du 23 janvier 1860, remis en vigueur par l'article 1er du présent traité, acquitter, en outre, les droits de 5 ou 8 francs par 100 kilogrammes, établis sur les huiles brutes ou raffinées par la loi du 16 septembre 1871, ou ceux qui seraient ultérieurement établis sur les mêmes huiles fabriquées en France. »

La différence, au point de vue du taux de la taxe, entre les deux variétés d'huiles fut alors, en conséquence, fixée à 3 francs les 100 kilogrammes. Le droit du Gouvernement français de régler le taux de la taxe intérieure était hautement reconnu dans le traité, mais, en même temps, les stipulations de cet acte établissent clairement qu'il était dans l'intention des deux Puissances de permettre la reprise du commerce des huiles minérales anglaises, qui avait été arrêté par la loi du 8 juillet 1871. Dans le cours des négociations qui aboutirent à la conclusion du traité du 23 juillet 1873, il ne fut pas dit une parole qui pût donner lieu aux représentants de l'Angleterre de penser que le Gouvernement français se proposât d'apporter aucun changement au taux des droits fixés par la loi du 16 septembre 1871. Une nouvelle loi fut cependant votée, comme on l'a rappelé plus haut, le 29 décembre 1873. Le commerce déclara aussitôt que l'échelle de droits établie par cette loi rendrait inefficaces les stipulations du traité du 23 juillet 1873, et l'expérience des six dernières années a malheureusement démontré la justesse de cette prévision.

Des réclamations ont été constamment adressées au Gouvernement français, et de pressantes représentations lui ont été faites contre cette infraction virtuelle aux dispositions du traité de 1873.

Il n'est pas nécessaire de revenir ici sur toute la longue correspondance qui a été échangée à ce sujet. Il suffit de constater que M. Amé et M. Ozenne ont, tous deux, franchement reconnu qu'au moins dans une certaine mesure, les représentations du Gouvernement de

Sa Majesté sont bien fondées; il suffit d'appeler l'attention sur une *Note verbale* traitant de la question en général, qui a été communiquée à M. de Freycinet, le 21 janvier dernier, ainsi que sur une autre *Note verbale* communiquée, le 28 mai dernier, à Son Excellence et relative à la nouvelle échelle de droits votée, le 30 avril, par la Chambre des Députés. Des copies de ces documents sont ci-annexées. Ni l'un ni l'autre n'a encore reçu de réponse.

PREMIÈRE PIÈCE JOINTE AU MEMORANDUM RELATIF AU RÉGIME DES HUILES MINÉRALES BRITANNIQUES ET COMMUNIQUÉ, LE 14 AOÛT 1880, À M. L'AMBASSADEUR DE LA RÉPUBLIQUE FRANÇAISE À LONDRES.

NOTE

Remise par lord LYONS, Ambassadeur d'Angleterre,

à M. DE FREYCINET, Président du Conseil, Ministre des Affaires étrangères.

(TRADUCTION.)

Paris, 21 janvier 1880.

L'arrangement relatif aux droits perçus sur les huiles anglaises brutes ou raffinées, en compensation des droits d'accise sur les huiles françaises de même nature, est contenu dans l'article 9 du traité du 23 janvier 1860, confirmé par l'article 1er de la Convention additionnelle du 24 janvier 1874.

Ledit article 9 contient le paragraphe suivant :

« Il est entendu entre les Hautes Puissances contractantes que, si l'une d'Elles juge nécessaire d'établir un droit d'accise ou impôt sur un article de production ou de fabrication nationale qui serait compris dans les énumérations qui précèdent, l'article similaire étranger pourra être immédiatement grevé, à l'importation, d'un droit égal. »

Les huiles minérales sont l'un de ces articles énumérés dans le traité.

Sous l'empire du traité de 1860, les huiles minérales étaient admises en France moyennant le payement d'un droit *ad valorem* de 5 p. 0/0.

Ce traité fut enfreint, en 1871, par l'établissement d'un droit de 37 francs les 100 kilogrammes, dont l'effet était de prohiber entièrement l'importation des huiles d'éclairage anglaises. En 1873, le Gouvernement français consentit, en conséquence, à indemniser les manufacturiers anglais et à admettre dorénavant les huiles britanniques sur le pied de l'ancien droit *ad valorem* de 5 p. 0/0, sauf addition de tels droits qui seraient perçus sur les huiles similaires fabriquées en France.

L'article 4 du traité du 23 juillet 1873 est ainsi conçu :

« A partir du 1er janvier 1874, ou plus tôt, si faire se peut, les huiles minérales d'origine britannique seront admises en France et en Algérie au droit de douane de 5 p. 0/0, c'est-à-dire au taux du droit en vigueur suivant la loi du 8 juillet 1871. Il demeure cependant convenu que lesdites huiles devront, conformément aux stipulations de l'article 9 du traité du 23 janvier 1860, remises en vigueur par l'article 1er du présent traité, acquitter, en outre, les droits de 5 ou 8 francs par 100 kilogrammes établis sur les huiles brutes ou raffinées par la loi du 16 septembre 1871, ou ceux qui seraient ultérieurement établis sur les mêmes huiles fabriquées en France. »

Mais, le 29 décembre 1873, une loi, votée par l'Assemblée nationale, était promulguée par le Président de la République, établissant certains droits sur les huiles minérales d'origine française. Elle contenait les dispositions suivantes :

« Art. 1er. A dater du 1er janvier 1874, les huiles de schiste et toutes autres huiles minérales propres à l'éclairage sont soumises aux droits intérieurs ci-après, décimes compris :

« Essence à 700 degrés de densité et au-dessous, à la température de 15 degrés, les 100 kilogrammes : 44 fr. 50 cent.

« Huiles raffinées à 800 degrés de densité et au-dessus, à la température de 15 degrés, les 100 kilogrammes : 34 fr. 50 cent.

« Huiles brutes : 22 centimes pour chaque kilogramme d'huile pure à 800 degrés qu'elles contiennent, à la température de 15 degrés; 32 centimes pour chaque kilogramme d'essence à 700 degrés qu'elles contiennent, à la température de 15 degrés.

« Art. 3. Les fabricants français continueront à avoir la faculté d'acquitter les droits exclusivement sur les huiles brutes, d'après la base indiquée à l'article 1er. »

Le résultat fut que, en vertu de l'article 3, les fabricants, écoulant leurs huiles à l'état brut, n'avaient à payer qu'un droit de 22 francs par 100 kilogrammes, sur la quantité d'huile raffinée qu'elles étaient estimées capables de rendre.

Les fabricants anglais, au contraire, étant nécessairement réduits à l'importation d'huiles raffinées, étaient appelés à acquitter sur elles 34 francs par 100 kilogrammes, outre le droit de douane *ad valorem* de 5 p. o/o.

La compensation n'était pas fixée à un taux égal pour les fabricants anglais.

La loi du 29 décembre 1873 provoqua de nombreuses protestations, de la part des fabricants anglais, et une correspondance active entre les deux Gouvernements.

Les arguments, du côté de l'Angleterre, portèrent particulièrement sur deux points :

1° Le fabricant français payant un droit sur des huiles brutes est proportionnellement moins imposé que le fabricant anglais qui importe des huiles raffinées;

2° Les huiles de schiste brutes donnent un rendement plus considérable que ne l'estime la loi du 29 décembre 1873.

Au printemps de 1877, la question du droit compensateur sur les huiles minérales anglaises fut discutée par les délégués anglais et français à Paris.

Les premiers firent connaître, sous la date du 17 avril 1877, que les points en litige se rapportaient à la relation entre le droit d'accise sur les huiles françaises et le droit compensateur sur les huiles britanniques, et que les délégués français étaient disposés à admettre que le système actuellement en vigueur pour la perception de ces droits n'était pas satisfaisant, et à chercher les moyens d'arriver à une solution convenable de la question. Le 12 mai 1877, M. C.-M. Kennedy, le délégué anglais qui était encore à Paris, rapportait que M. Amé avait proposé l'arrangement suivant :

1° En ce qui concerne les huiles minérales raffinées, on égaliserait le droit sur la totalité du produit obtenu ;

2° Pour les huiles minérales brutes, on fixerait un tant pour cent qui représenterait le rendement;

3° Le fabricant français payerait les mêmes droits que l'importateur anglais, moins 5 p. o/o, d'après les termes du traité du 23 juillet 1873.

Un pareil arrangement aurait été satisfaisant, et lord Lyons reçut, le 1er juin, l'ordre de chercher à en obtenir l'adoption formelle et de pousser vivement à ce que des mesures fussent prises pour lui donner force de loi dans le plus bref délai possible.

L'état politique intérieur de la France apporta néanmoins du retard; mais une communication dans le sens indiqué plus haut fut faite par lord Lyons à M. Waddington, quand celui-ci fut arrivé aux affaires, à la fin de 1877.

Le 3 février 1878, M. Waddington informait lord Lyons que le Ministre du Commerce avait déposé sur le bureau de la Chambre des Députés, le 21 janvier précédent, un projet de loi dont les dispositions étaient soi-disant conformes à la proposition de lord Lyons.

Cependant, il se trouva qu'aucun projet se rapportant spécialement aux huiles minérales n'avait été présenté le 21 janvier 1878, mais que le projet de tarif général des douanes avait été déposé ce même jour, que, dans le tableau A, y annexé, les derniers articles, sous le titre de « Matières minérales » traitaient des huiles minérales, et que les droits spécifiés étaient les mêmes que ceux mentionnés par M. Waddington, dans la note de février 1878, ci-dessus citée.

M. Waddington, dans une note ultérieure, en date du 16 août 1879, se référait à sa note du 3 février, laquelle établissait que le Ministre du Commerce ne pouvait pas régler la question par un projet de loi spécial, attendu que les droits intérieurs devaient dépendre du tarif d'importation adopté dans le projet de tarif général des douanes, et que tout projet de loi de cette nature serait déféré à la commission des tarifs.

Cependant, il semble, d'après une note publiée, le 1er août 1879, dans l'agence Havas, que cette même commission était arrivée à la conclusion suivante :

« La Commission a décidé qu'elle n'avait pas à s'occuper des huiles de schiste, qui sont « frappées d'un droit d'accise, qu'il appartient au Gouvernement seul de fixer. »

Il a, de plus, été observé, à plusieurs reprises, par le Gouvernement de Sa Majesté que le tarif des douanes de France est une question tout à fait distincte de l'exécution d'un traité existant, dont les stipulations ont été arbitrairement mises de côté, depuis des années.

La note de M. Waddington du 16 août 1879 contient également le passage suivant :

« Peut-être pourrait-on critiquer le mécanisme un peu compliqué du tarif intérieur établi « par la loi du 29 décembre 1873; il laisse un trop grand écart dans les droits afférents à « l'huile lampante, selon qu'on la présente incorporée dans l'huile brute ou séparée de « celle-ci. »

Ce passage renferme une reconnaissance particulière de la justesse de la réclamation fondamentale des négociants anglais. Comme le droit de beaucoup le moins élevé est perçu sur l'huile lampante présumée incorporée avec l'huile brute, et comme les fabricants français payent les droits exclusivement sur l'huile de cette nature, non seulement il y a là une injustice contre les fabricants anglais, mais il n'est pas douteux qu'il n'en résulte une perte appréciable pour le Trésor français.

Il semble résulter de la note de M. Waddington que le Gouvernement français s'est déjà arrêté à cette considération et qu'il se propose de soumettre à la Chambre une autre combinaison des droits.

Lorsque M. le Professeur Abel était à Paris, dans l'automne de 1878, relativement à la question du *minimum* de densité par lequel les huiles lubrifiantes doivent être distinguées des huiles d'éclairage, il rapporta à lord Salisbury qu'il avait reçu de M. Waddington l'assurance que le Gouvernement français était prêt à accueillir favorablement une demande formelle tendant à ce que les droits à percevoir sur les huiles minérales fussent réglés immédiatement, comme une question indépendante du tarif général des douanes. Lord Lyons reçut, en conséquence, l'ordre d'adresser une note à M. Waddington. Il le fit, sous la date du 26 octobre, déclarant que le Gouvernement de Sa Majesté avait appris ce qui précède avec la plus vive satisfaction et que le point essentiel était que la question fût réglée immédiatement et séparément, comme une affaire d'engagement conventionnel. Il insistait pour que, conformément à l'assurance donnée à M. le Professeur Abel par M. Waddington, des mesures fussent prises afin d'appliquer sans autre délai les stipulations du traité du 23 juillet 1873.

Pendant que M. le Professeur Abel était à Paris, l'échelle de droits suivante fut proposée et favorablement accueillie par le Gouvernement de Sa Majesté :

« Un droit d'accise de 32 francs sur les huiles brutes et de 39 francs sur les huiles raffi-« nées et les essences par 100 kilogrammes ;

« Les droits sur les huiles anglaises seront fixés d'après la même échelle, avec un droit « de douane additionnel de 5 p. o/o, conformément au traité du 23 juillet 1873. »

Le fond des observations précédentes fut communiqué verbalement, au mois d'octobre, par M. Adams à M. Waddington, alors Président du Conseil et Ministre des Affaires étrangères, et Son Excellence promit de donner toute son attention à l'affaire. Le 15 décembre, il renouvela cette promesse à lord Lyons et s'engagea à avoir, dès que ses autres affaires le lui permettraient, une conférence à ce sujet avec les Ministres des Finances et du Commerce.

Le Gouvernement de Sa Majesté est maintenant très désireux de recommander cette question, pendante depuis si longtemps, à l'attention spéciale et immédiate de Son Excellence M. de Freycinet. Il regarderait comme satisfaisant un arrangement conclu soit sur les bases soumises à la Commission de 1877, soit sur les bases qui furent proposées lors du séjour à Paris de M. le Professeur Abel, en 1878.

2e PIÈCE JOINTE AU MEMORANDUM RELATIF AU RÉGIME DES HUILES MINÉRALES BRITANNIQUES ET COMMUNIQUÉ, LE 14 AOÛT 1880, À L'AMBASSADEUR DE LA RÉPUBLIQUE FRANÇAISE À LONDRES.

NOTE

remise par Lord LYONS, Ambassadeur d'Angleterre,

à M. DE FREYCINET, Président du Conseil, Ministre des Affaires étrangères.

(TRADUCTION.)

Paris, 28 mai 1880.

L'attention du Gouvernement de Sa Majesté a été appelée sur l'échelle des droits sur les huiles minérales qui, d'après le *Journal officiel* du 1er de ce mois, aurait été adoptée, la veille, par la Chambre des Députés.

On a représenté au Gouvernement de Sa Majesté que, si ces droits devaient acquérir force de loi et être mis en vigueur, les huiles minérales écossaises d'éclairage seraient, en fait, aussi complètement exclues du marché français qu'elles l'ont été pendant les neuf dernières années.

L'Association minière d'Écosse insiste sur deux points : elle expose que ce qu'elle réclame comme nécessaire pour la reprise de son commerce avec la France, c'est que le droit sur l'huile brute ne soit pas inférieur à 85 p. o/o du droit sur le pétrole américain raffiné ; elle demande, en outre, qu'ayant à lutter dans des conditions désavantageuses contre le pétrole raffiné, dont la valeur est plus considérable, les huiles d'éclairage écossaises soient grevées d'un droit plus faible.

N° 2.

Sir Charles W. Dilke, Sous-Secrétaire d'État de Sa Majesté Britannique pour les Affaires étrangères,

à M. Challemel-Lacour, Ambassadeur de la République française à Londres.

(TRADUCTION.)

Foreign Office, 20 août 1881.

Monsieur l'Ambassadeur, suivant la promesse que j'en ai faite à Votre Excellence dans notre entretien du 16 du mois courant, j'ai l'honneur de vous transmettre un memorandum relatif aux expertises. On pourrait citer d'autres plaintes; mais ces représentations paraissent suffisantes pour démontrer que les stipulations à ce sujet n'ont pas été complètement exécutées jusqu'à ce jour.

Si le Gouvernement français désirait prendre de nouvelles informations, la question pourrait être discutée par des délégués des deux Gouvernements, comme cela a eu lieu en 1873-1874, alors que les stipulations existantes furent rédigées.

J'ai l'honneur, etc.

Charles W. Dilke.

ANNEXE.

MÉMORANDUM

RELATIF AUX EXPERTISES.

(TRADUCTION.)

Foreign Office, 20 août 1880.

Le Gouvernement de Sa Majesté Britannique désire appeler l'attention sur certains points où, au moins dans leur esprit, les stipulations du traité en vigueur relativement aux expertises n'ont pas été dûment observées, ou bien ont été outrepassées dans l'application. Il est à remarquer qu'on paraît n'avoir fait aucune distinction entre les erreurs accidentelles et la fraude et que les représentations du Gouvernement de Sa Majesté Britannique ne rencontrent souvent qu'un refus pur et simple d'examiner à nouveau des décisions, même quand elles sont officiellement signalées comme injustes. Il ne faut pas oublier que la question des expertises a été, en son entier, minutieusement examinée dans les séances de la Commission mixte à Paris, dans la période de novembre 1872 à janvier 1874. On a parfaitement démontré alors que les plaintes formulées à cette époque étaient fondées; aussi, pour remédier à l'état de choses dont l'existence était alors constatée, le protocole du 22 janvier 1874 et l'article 14 de la convention complémentaire du 24 janvier 1874 furent-ils rédigés et adoptés par les deux Gouvernements. Des plaintes récemment adressées au Gouvernement de Sa Majesté Britannique donnent lieu de penser que ces dispositions ne reçoivent pas actuellement leur complète exécution. Ainsi, il paraîtrait que les listes d'experts ne sont plus dressées tous les ans, comme le prescrit le paragraphe 1er du protocole du 22 janvier 1874, et, en outre, que ces listes ne sont pas assez complètes pour comprendre des fabricants ou des marchands des différentes branches de commerce. Par suite, des experts et des arbitres sont choisis sur une liste trop restreinte, et des personnes n'ayant pas qualité suffisante pour vérifier des articles spéciaux sont nommées experts ou arbitres, à défaut d'autres personnes ne figurant pas sur la liste, mais ayant toutes les connaissances requises pour examiner les articles à expertiser. Il en résulte des injustices, de grandes vexations infligées aux négociants, des amendes injustes et la perception de droits sur des articles qui n'y sont pas soumis, de telle sorte que, dans ce cas, les intentions des deux Gouvernements ne sont pas réalisées.

La ligne de conduite suivie, en pareil cas, par la Douane française paraît ne pas être uniforme. Quelquefois, on exige des documents à l'appui de la déclaration; d'autres fois, on n'en réclame pas. Souvent, on ne fait guère attention ni aux factures, ni aux certificats des consuls français, ni aux autres preuves d'origine.

Il paraît, en outre, douteux que la Commission d'expertise légale se conforme toujours aux dispositions de l'article 4 de la convention complémentaire du 24 janvier 1874, en renvoyant devant les experts les points en litige. Dans tous les cas, toutes les fois que le Gouvernement français a consenti à une nouvelle enquête, la décision prononcée a été reconnue mal fondée. On en a eu tout récemment la preuve, en ce qui concerne certaines tondeuses mécaniques pour pelouses et en ce qui concerne une espèce de vernis dit *Satin Polish*. Ces articles avaient été déclarés d'origine américaine; tandis que, finalement, on a reconnu qu'ils étaient d'origine anglaise. De même, on a récemment saisi certaines consignations d'amidon provenant d'Écosse, comme étant d'origine américaine; cette affaire est encore pendante; mais il y a tout lieu de croire que, dans ce cas également, la déclaration de l'exportateur britannique sera reconnue conforme à la vérité.

Les faits ci-dessus nous amènent à signaler encore les grands retards occasionnés par l'examen de ces affaires.

En ce qui concerne la plainte de MM. Chinnery et Johnson, au sujet de la valeur de certains chapeaux de feutre, M. Adams avait adressé à M. Waddington une note, en date du 5 novembre 1879; la réponse de M. de Freycinet porte la date du 8 janvier 1880.

En ce qui concerne la plainte de M. Christy, relativement à la valeur de certaines bobines en bois, lord Lyons a adressé à M. Waddington une note en date du 18 novembre 1879; la réponse de M. de Freycinet est datée du 16 février 1880.

En ce qui concerne la plainte de MM. Baerlein, au sujet des mesures prises relativement à leurs déchets de coton, M. Adams a adressé à M. Waddington une note en date du 25 août 1879; la réponse de Son Excellence est datée du 7 novembre suivant.

L'attention du Gouvernement français a été appelée sur l'affaire relative aux tondeuses mécaniques pour pelouses par la note de lord Lyons, en date du 15 novembre dernier. Après une longue correspondance, l'erreur commise par les autorités douanières paraît avoir été reconnue, le 27 avril.

L'affaire susmentionnée, relative au vernis dit *Satin Polish*, fut soumise à l'examen du Gouvernement français par la note de lord Lyons, en date du 19 avril dernier. L'erreur commise par la Douane française paraît avoir été reconnue le 11 du mois suivant; mais le résultat n'a été officiellement communiqué à lord Lyons que le 17 juin.

Dans l'affaire encore pendante et déjà mentionnée qui a trait à l'amidon écossais, les représentations des exportateurs ont été transmises par lord Lyons au Gouvernement français le 17 juin; mais aucune réponse n'a encore été reçue à ce sujet.

Il paraît ainsi que les représentations faites au sujet des expertises se rapportent à des questions de contestation de classement ou d'origine, aussi bien qu'à des questions de contestation de valeurs.

Ce qui est nécessaire, c'est que les stipulations du traité en vigueur soient appliquées dans l'esprit de ces engagements, aussi bien que dans leur lettre. La liste des experts devra être revisée et tenue en bonne forme; les opérations devront être rendues plus expéditives, afin d'éviter les retards signalés plus haut; et le ministre intéressé devra, en équité, accueillir les représentations adressées par les importateurs se plaignant d'un déni de justice et examiner ces plaintes, afin de réformer les décisions qui seraient reconnues trop sévères ou rendues par suite d'un malentendu ou d'une erreur. A vrai dire, il serait, en tout cas, préférable, au moins en ce qui concerne les questions réglées par l'article 4 de la convention complémentaire du 24 janvier 1874, de concéder au déclarant, s'il conteste la décision des experts, le droit d'interjeter appel de cette décision sous les conditions voulues quant aux frais.

N° 3.

Sir Charles W. Dilke, Sous-Secrétaire d'État de Sa Majesté pour les Affaires étrangères,

à M. Challemel-Lacour, Ambassadeur de la République française à Londres.

(TRADUCTION.)

Foreign Office, 23 août 1880.

Monsieur l'Ambassadeur, j'ai aujourd'hui l'honneur de transmettre à Votre Excellence un mémorandum énonçant, en termes généraux, les vues du Gouvernement de Sa Majesté Britannique au sujet de la revision du tarif français dans le futur traité de commerce et de navigation avec la France, ainsi que les représentations qui ont été faites au Gouvernement de Sa Majesté Britannique, relativement aux droits inscrits dans le tarif actuel sur certaines marchandises britanniques. Ce mémorandum a été rédigé dans le but de donner suite à la base de négociations proposée, sur ce point, par M. Léon Say, savoir : « Amélioration du *statu quo* dans le sens du développement des relations commerciales. » Qu'il me soit permis d'ajouter que, lorsqu'on entama les négociations en 1877, le Gouvernement de Sa Majesté Britannique avait compris que les arrangements relatifs au tarif conclu en 1860 seraient améliorés, et que, dans les communications qui ont été échangées, depuis 1877, au sujet des relations commerciales entre les deux Pays, on a maintenu le même espoir. Le Gouvernement de Sa Majesté Britannique a donc accueilli avec une vive satisfaction les ouvertures faites par M. Say comme étant de nature à amener des résultats favorables aux intérêts essentiels des deux Pays. Avant d'arriver à une conclusion quelconque au sujet de la conversion des droits *ad valorem* en droits spécifiques, le Gouvernement de Sa Majesté Britannique est d'avis que la troisième base proposée par M. Say, savoir : « Recherche des moyens de « faire disparaître les fraudes en douane, » devrait être complètement étudiée, et que la nature et l'étendue des fraudes signalées devraient être élucidées.

Votre Excellence aura sans doute remarqué que, dans la présente occasion, je n'ai point abordé les questions de navigation, ni fait allusion aux affaires coloniales et autres qui devront également être discutées dans le cours de toute négociation commerciale entre la Grande-Bretagne et la France. J'ai l'honneur de vous assurer que le Gouvernement de Sa Majesté Britannique sera tout disposé (s'il est prévenu d'avance de l'époque à laquelle le Gouvernement français sera en mesure d'entreprendre ces études) à discuter ces différentes questions de la manière qui sera la plus agréable au Gouvernement français. Cependant, toute modification de la classification ou des droits devra être sérieusement étudiée, et cela probablement en consultant des personnes ayant une connaissance technique de l'industrie et des marchandises en question.

En terminant, j'ai l'honneur, Monsieur l'Ambassadeur, d'appeler l'attention sérieuse du Gouvernement français sur les représentations ci-dessus.

J'ai l'honneur, etc.

CHARLES W. DILKE.

ANNEXE.

MÉMORANDUM

SUR LES QUESTIONS DE TARIFS.

(TRADUCTION.)

Dans l'examen des stipulations relatives au tarif français que l'on doit introduire dans un nouveau traité de commerce entre la France et la Grande-Bretagne, il importe tout d'abord de bien établir quelle fut, sur ce point, la base des négociations de 1860. Cette base était : du côté de la France, transition générale, en tant que les intérêts anglais étaient en jeu, d'un système de prohibition ou de droits élevés à des droits d'un taux modéré; du côté de l'Angleterre, abolition complète des droits de douane sur les produits français, toutes les fois que des considérations fiscales ne s'y opposeraient pas, et, dans le cas contraire, réduction au taux le plus bas possible; le tout avec l'entier abandon de tout impôt protecteur en vue des avantages de l'Angleterre, et contre ceux de la France. A cette époque, le principe du tarif français impliquait des droits élevés en général, avec une forte mesure de prohibition absolue; le principe du tarif anglais impliquait des droits peu élevés en général, avec un grand nombre d'articles absolument libres de tous droits et, par exception, certains droits élevés imposés pour des raisons fiscales. Cette règle des tarifs respectifs des deux Pays forma le point de départ dans l'adaptation de la base ci-dessus mentionnée.

Lorsqu'on eut arrêté les détails du tarif français annexé aux conventions supplémentaires des 12 octobre et 16 novembre 1860, M. Cobden annonça qu'en moyenne, les droits ainsi établis ne s'élèveraient pas au-dessus de 15 p. o/o.

A la suite de représentations faites alors par M. Cobden, le Gouvernement de Sa Majesté accorda aux vins légers une réduction qui allait au delà des engagements contenus dans le traité du 23 janvier 1860, puisque, en 1862, la limite de force pour les vins admis au taux du droit de 1 shilling était élevée de 15 à 26 degrés. C'est ainsi qu'en 1862, le Gouvernement de Sa Majesté donna, de son côté, pleine exécution au traité, tandis qu'en ce qui regarde la France, ce traité n'entra complètement en vigueur que le 1er octobre 1864. Entre l'Angleterre et la France, les relations commerciales ne peuvent être séparées des relations générales et politiques, et l'influence bienfaisante du traité de 1860 s'est fait sentir de bien des manières et en bien des occasions, pendant ces vingt dernières années. En ce qui concerne le développement des transactions sous le régime du traité de 1860, le commerce franco-anglais atteint actuellement 22 p. o/o environ du commerce total de la France, tandis que le commerce anglo-français est de 11 p. o/o environ du commerce total du Royaume-Uni. A ce point de vue, la France est beaucoup plus intéressée que l'Angleterre à la conclusion d'un traité qui consoliderait les relations commerciales existant entre les deux Pays et placerait leur commerce réciproque dans des conditions encore plus satisfaisantes.

Il faut observer, en général, que les changements survenus dans les conditions de fabrication et les solutions données aux questions qui se rapportent au travail, ainsi que la baisse des prix depuis 1860, ont considérablement augmenté le poids des droits alors fixés. Des taux qui étaient alors modérés sont devenus aujourd'hui oppressifs pour le commerce et même prohibitifs. Il en a été ainsi pour les droits *ad valorem* comme pour les droits spécifiques.

La proportion relative entre les profits et la valeur ayant changé, un droit *ad valorem* de 10 ou 15 p. o/o est plus lourd aujourd'hui qu'en 1860, tandis que, pour les droits spécifiques consentis alors, on est, dans bien des cas, fondé à dire qu'actuellement ils dépassent de beaucoup les taux *ad valorem* dont on avait voulu d'abord en faire des équivalents, et qu'en plusieurs cas, ils dépassent même le taux maximum de 25 p. o/o stipulé dans le traité de 1860. Tel paraît être plus spécialement le cas, en ce qui concerne certains articles de coton et de fer, ainsi que certains produits chimiques et le sel.

Si l'on a bien compris la question, le chiffre des droits perçus en France sur chacun des articles suivants ne dépasse pas 2 millions de francs, savoir : le fer brut et la fonte, le fer ouvré, les outils et autres articles métalliques, l'acier; les fils de lin et de chanvre; les tissus de lin et de chanvre; les tissus de soie; la laine brute, la verrerie, etc.; les huiles de grains.

L'avantage ainsi obtenu par le Trésor est insignifiant, et, de fait, outre que la prospérité du pays se trouve paralysée par des taxes improductives, c'est à peine si l'on pourrait dire que le revenu qu'on en tire mérite d'être perçu.

De plus, en ce qui concerne les produits chimiques, le savon, la porcelaine et la verrerie, les fils, les tissus de laine, de lin et de chanvre, le papier, le cuir (ouvré) et les outils, la statistique du commerce français prouve surabondamment que les manufacturiers français sont en état de soutenir avec succès la concurrence sur les marchés étrangers.

En dehors de ces considérations générales, il a été, d'ailleurs, admis en France, d'après des renseignements officiels, que les fabricants de tissus français n'ont pas besoin de protection.

En effet, dans un rapport sur les conditions générales de l'industrie fait par MM. Balsan et Ferdinand Raoul-Duval, rapporteurs pour les industries textiles, soumis au Conseil supérieur du commerce et annexé au procès-verbal de la Commission qui s'est réunie le 25 mars 1876, on trouve le passage important qui suit :

« En étudiant en détail, pour les diverses industries textiles, dans les localités variées où « elles sont exercées, les éléments spéciaux des prix de revient, tels que main-d'œuvre, « combustible, impôts, coût des établissements, etc., on peut affirmer, avec des différences, « tantôt en plus, tantôt en moins, et par conséquent se compensant dans une certaine me- « sure, qu'il n'y a pas, au total, un écart actuel de plus de 3 à 4 p. o/o au détriment de la « France par rapport à l'Angleterre, dans le coût de la production, écart qui, au point de « vue de notre marché extérieur, est, dans bien des cas, compensé par les frais de transport « que les produits anglais ont à supporter pour venir concurrencer les nôtres en ce qui con- « cerne la consommation nationale. »

Et, pour parler maintenant de la nature des représentations qui ont été faites au Gouvernement de Sa Majesté à propos des questions de tarif en vue des négociations commerciales actuellement pendantes, on considère comme certain que le Gouvernement français n'abordera pas le sujet dans un esprit moins libéral qu'en 1860, et que la poli tique alors adoptée sera non seulement maintenue, mais encore suivie d'une façon plus complète.

Ces représentations seront faites en termes sommaires, attendu que, d'après la nature de la question, elles doivent être, dans bien des cas, appréciées et jugées de concert avec des personnes possédant la connaissance technique de la matière à discuter. On peut remarquer que c'est là le procédé adopté dans les négociations de 1860 et de 1872.

En premier lieu, en ce qui concerne les industries textiles, on fait observer que le droit actuel est, en réalité, prohibitif à l'égard de beaucoup de variétés de tissus de coton, de soie et de jute.

Pour les tissus de coton, un droit de 10 p. o/o *ad valorem* ou un taux spécifique équivalent est demandé pour toutes les catégories de ces articles; pour les tissus de soie, on demande l'abandon total des droits, et, pour les tissus de jute, la suppression ou une réduction à 5 p. o/o *ad valorem*, ou bien un droit spécifique équivalent. Pour les tissus de laine, on demande une réduction de droits à 5 p. o/o *ad valorem* et le maintien d'un droit *ad valorem* spécialement pour les articles de laine mélangée; on demande aussi que les tapis de pied soient expressément compris dans cet arrangement. On insiste vivement sur le maintien du mode actuel d'évaluation des droits, en ce qui concerne les tissus de lin, et l'on désire quelque réduction des droits.

Pour tous les fils, ainsi que pour les fils de soie retors, on fait observer que ces articles ne sont que des produits mi-fabriqués, qu'on les demande beaucoup en France pour les faire servir, dans ce pays, à la fabrication d'articles plus achevés, et qu'ils devraient, en conséquence, même à un point de vue protectionniste, être admis en franchise ou à des taux de droits nominaux.

Quant au fer, il est démontré que, pour quelques articles, les taux actuels sont prohibitifs; on demande l'abolition des droits sur la fonte brute et l'abolition ou, tout au moins, une réduction considérable sur la fonte et le fer malléable. Les droits actuels sur les articles d'acier sont beaucoup trop élevés et devraient être égalisés avec ceux des articles de fer; de fait, l'ensemble des droits sur les articles de toute nature de fer et d'acier exige une revision et une simplification complète. Une revision est également nécessaire pour d'autres articles de l'industrie métallurgique, afin de rectifier les droits sur quelques-uns et de comprendre dans le tarif du traité des articles omis aujourd'hui, tels que le cuivre et le laiton servant au doublage des navires.

Produits chimiques. — Les prix en ont considérablement baissé depuis 1860. Il suffira de citer les exemples suivants pour démontrer la modification survenue dans l'incidence du droit, tel qu'il fut alors fixé :

	Équivalents d'après le Traité.	Taux actuel.
Soude (cendres)	5 3/4 p. o/o	10 p. o/o
Soude (cristaux)	15	20
Soude (caustique)	15	25
Chlorure de chaux	13	19

On demande une diminution des droits sur toutes les classes de produits chimiques, et une enquête sur les taux des droits de compensation perçus.

Sel. — En 1860, des circonstances qu'il est inutile de rappeler ici en détail avaient fait désirer au Gouvernement français que l'abaissement de ce droit fût différé. On avait donné à entendre à M. Cobden que cette réduction se ferait à bref délai et que le droit revisé ne dépasserait pas 10 p. o/o *ad valorem.* Mais il n'a été rien fait à ce sujet. Aussi demande-t-on que l'engagement pris alors soit immédiatement mis à exécution.

Glaces. — On sait que, par inadvertance, cet article n'avait pas été suffisamment étudié lorsqu'on établit le traité de 1860. Une réduction du droit sur cet article est réclamée avec instance.

Papier. — On demande que l'abolition du droit de sortie sur les chiffons soit une des stipulations du tarif conventionnel; que le taux du droit sur les papiers à écrire et à imprimer soit abaissé, et qu'un droit modéré *ad valorem* soit fixé pour les papiers de tenture.

Cuirs. — On fait remarquer que les procédés de tannage des peaux de mouton et de chèvre rendent très difficile, sinon impossible, la distinction entre ces deux articles, qui, par conséquent, devraient être assimilés dans le tarif. On demande également que tout ouvrage en cuir, ou, au moins, tout cuir non ouvré soit admis en franchise de droits.

En ce qui concerne les munitions, on demande que les capsules et les enveloppes à cartouches ne soient pas classées avec les armes à feu; que le droit actuel sur les enveloppes à cartouches et les capsules ne soit pas augmenté; et que les cartouches de chasse chargées soient admises moyennant un droit modéré.

On demande l'abaissement du droit, si l'on ne peut en obtenir l'abolition, sur les articles suivants: toiles pour reliure; peignes vulcanites; huiles de grains et de résine; vis à bois, et, plus spécialement, le poisson. En ce qui concerne l'amidon, on fait remarquer que si, d'un côté, le droit actuel ne soulève pas de grandes objections, d'un autre côté, le système adopté de percevoir un droit séparé et additionnel sur les caisses dans lesquelles les amidons sont emballés est vexatoire et constitue une véritable entrave pour le commerce.

Pour le moment, il suffit d'appeler l'attention sur les articles ci-dessus mentionnés; mais il faudra probablement en relever d'autres, lorsqu'on discutera à fond les questions de tarif.

Les principes ci-dessus indiqués de la négociation, ainsi que les faits et les représentations soumis ici à l'attention du Gouvernement français, semblent conduire aux conclusions suivantes, en ce qui concerne les nouvelles stipulations conventionnelles et les modifications à introduire dans le tarif conventionnel français :

1° Que 15 p. o/o soit le maximum du taux du droit. Toutefois, si le Gouvernement français désire faire une exception pour certains articles à spécifier par lui, on ne s'y opposera pas *a priori;*

2° Que 10 p. o/o, au lieu de 15 p. o/o, soit le taux *moyen* du droit à percevoir sur les produits et les articles manufacturés britanniques importés en France;

3° Que les articles actuellement frappés de 10 p. o/o ne soient frappés que de 7 1/2 p. o/o;

(Il faut se rappeler que les frais de transport augmentent considérablement tous ces taux.)

4° Que, au moins jusqu'à un certain point, une complète exemption de droits soit accordée dans le nouveau tarif;

5° Que tout changement de classification, ainsi que la fixation des droits spécifiques, lesquels devront être l'équivalent des droits *ad valorem* correspondants (si toutefois une modification quelconque du mode de fixer l'assiette des droits est consentie), n'ait lieu qu'après mûr examen et du consentement des deux Puissances.

N° 4.

MÉMORANDUM

remis par M. Tirard, Ministre de l'Agriculture et du Commerce,

à sir Charles Dilke, Sous-Secrétaire d'État de Sa Majesté Britannique pour les Affaires étrangères.

Paris, 24 septembre 1880.

Le mémorandum du Gouvernement anglais qui nous a été transmis par M. Challemel-Lacour, au sujet des arrangements douaniers entre la France et l'Angleterre, débute par une analyse des bases sur lesquelles a été établi le traité de 1860. Il résulterait de cette analyse que la France a été la plus favorisée des deux Parties contractantes, et que, par suite, c'est elle qui a tiré de ce traité le meilleur profit.

Ces prémisses posées, l'auteur du mémorandum en conclut que la France est bien plus intéressée que l'Angleterre à l'établissement d'un nouveau traité; puis il développe les motifs qui doivent déterminer la France à consentir des abaissements de droits sur un certain nombre d'articles de son tarif conventionnel.

Sans entrer dans les détails du traité de 1860, je reconnais que le tarif anglais est moins élevé que le tarif français et que le Gouvernement britannique a loyalement tenu les engagements qu'il avait pris dans les préliminaires des négociations.

Mais il importe de faire observer que le résultat de ces négociations n'a pas constitué une faveur spéciale à la France en échange des sacrifices que celle-ci s'imposait, mais bien un changement dans la législation douanière de la Grande-Bretagne qui a profité et profite encore à toutes les Puissances du monde, sans aucune exception.

On peut donc dire que la France n'a joui en Angleterre, depuis 1860, d'aucun privilège et que ses produits se sont rencontrés sur les marchés anglais en libre concurrence avec les produits du monde entier, même avec ceux des Puissances qui n'accordaient aucune faveur aux produits anglais.

La France, au contraire, n'a consenti à ouvrir son marché, dans les conditions où il était ouvert à l'Angleterre, qu'aux Puissances qui lui accordaient des avantages dont l'Angleterre elle-même a largement profité.

C'est ainsi que la France rencontre sur les marchés anglais la concurrence à égalité des produits américains, tandis que l'Angleterre n'a pas à lutter en France contre la concurrence de ces mêmes produits.

Cette courte observation n'est point une critique. Je veux seulement établir, en fixant la position respective des parties, qu'il ne serait pas juste, de la part de l'Angleterre, d'opposer exclusivement à la France les avantages d'une législation dont tout le monde a profité comme elle.

Je ne veux pas non plus entamer une dissertation théorique sur le mérite du système que la puissance productrice de l'Angleterre lui a permis d'adopter. Je n'hésiterais même pas à reconnaître qu'en s'affranchissant des tarifs protecteurs, l'Angleterre a fait une saine application des meilleurs principes économiques; mais, quel que soit le mérite de ce système, il faut bien reconnaître qu'il est, au moins aujourd'hui, d'une application impossible en France. Nous ne pouvons consentir des abaissements sur notre tarif général qu'autant qu'ils nous procurent des avantages réciproques, en tenant compte, bien entendu, de la situation économique des Parties contractantes.

Or, en l'état actuel, la Grande-Bretagne n'a rien à nous accorder de plus que ce qu'elle accorde à tous les autres pays, tandis que le moindre abaissement de nos tarifs constitue pour elle une véritable faveur.

Je sais bien que cette faveur n'est pas exclusive et qu'elle profitera à toutes les Puissances qui traiteront avec nous; mais, comme nous ne traitons, je le répète, qu'à la condition d'obtenir des abaissements de tarifs dont généralement l'Angleterre profite, il en résulte que nos propres traités lui constituent de réels avantages.

Il y a lieu de tenir compte aussi de la situation qui nous est faite par l'article 11 du traité de Francfort, aux termes duquel nous étendons immédiatement à l'Allemagne tous les avantages commerciaux que nous concédons à l'une des six Puissances dénommées dans ce traité et parmi lesquelles figure l'Angleterre.

Il est vrai que nous jouirons, par réciprocité, de tous les avantages que l'Allemagne pourra concéder à l'une de ces six Puissances; mais, en fait, il n'apparaît pas que le Gouvernement de Berlin soit disposé à consentir aucun abaissement de tarif, ni même que personne lui en fasse la demande, de telle sorte que la Grande-Bretagne, en exigeant de nous des sacrifices qu'elle n'exige pas de l'Allemagne, tout en lui accordant le même traitement, nous place dans cette singulière situation que nous accorderions à cette dernière Puissance des abaissements de tarif, sans aucune réciprocité.

Ces observations n'ont certes pas pour but d'opposer une fin de non-recevoir au projet d'une nouvelle convention commerciale avec la Grande-Bretagne. Notre sincère désir est, au contraire, je l'ai affirmé en maintes circonstances, de continuer avec nos voisins d'outre-Manche les relations amicales qui, tant au point de vue économique qu'au point de vue politique, ont été si profitables aux deux Pays. Mais je les ai crues nécessaires pour bien établir notre situation et aller au-devant des critiques que la convention à intervenir pourra susciter, de la part des adversaires des traités de commerce. Il ne faut pas oublier, en effet, que nos traités doivent être soumis à la ratification du Parlement; et, sans vouloir préjuger la solution définitive du Sénat à l'égard du tarif général des douanes, on peut affirmer, dès à présent, que, dans la discussion, le principe même des traités de commerce sera vigoureusement combattu.

Il est donc nécessaire de ne pas augmenter les difficultés résultant de cette discussion en fournissant à nos adversaires des arguments qu'ils pourraient tirer des sacrifices qui nous auraient été imposés et que nous aurions consentis.

Cette nécessité est d'autant plus impérieuse que les producteurs agricoles, sous le coup des pertes qu'ils ont éprouvées par suite d'une série de mauvaises récoltes, ont abandonné, pour la plupart, les idées libre-échangistes qu'ils professaient dans des temps plus prospères. La situation vraiment désastreuse d'un certain nombre de départements, très habilement exploitée, est le thème à l'aide duquel les partisans du régime protectionniste comptent entraîner les votes du Parlement.

Il ne faut pas se dissimuler que ce thème est facile à soutenir aujourd'hui, car la France a cruellement ressenti les effets de la crise agricole, commerciale et industrielle qui, depuis plusieurs années, règne en tous pays. Il importe, en effet, de ne pas oublier que nos exportations ont sensiblement diminué depuis quatre années, tandis qu'au contraire, nos importations ont pris d'énormes proportions.

Nulle part, du reste, la consommation des produits manufacturés n'a suivi le mouvement ascensionnel de la production. L'abaissement des prix a été la conséquence de cet accroissement de production, sans débouché suffisant; de là, des plaintes et des protestations contre le régime des traités, qui, disent ses adversaires, en livrant le marché intérieur à la concurrence étrangère, entraîne l'avilissement des prix, la suppression des bénéfices du capital et l'abaissement des salaires.

Sans attacher à ces plaintes et à ces protestations plus de valeur qu'elles n'en méritent, et sans qu'il soit besoin de reproduire ici les arguments que j'ai moi-même fait valoir pour les combattre, on ne peut méconnaître que la situation actuelle leur donne une apparence de sincérité, qui est de nature à impressionner les esprits les moins prévenus. Aussi ai-je dû, pour calmer les appréhensions et les craintes, déclarer à plusieurs reprises que le Gouvernement n'entendait pas se livrer à des tentatives hasardeuses, et qu'il s'en tiendrait, dans les futures négociations, au maintien du *statu quo* et à la rectification de quelques erreurs.

Le moment serait donc très mal choisi pour proposer à la ratification du Parlement un traité qui contiendrait des abaissements de tarifs. Nous irions à un échec certain.

Je suis donc obligé de combattre les propositions du memorandum anglais, dans l'intérêt même d'un arrangement futur, car je considérerais comme très regrettable la rupture de nos conventions commerciales avec la Grande-Bretagne.

Je ne conteste cependant pas d'une façon absolue la valeur de certaines observations contenues dans ce memorandum. Je reconnais, notamment, que les modifications apportées dans la fabrication par le perfectionnement des outillages, l'abaissement des salaires, et même par celui de certaines matières premières, ont changé le pourcentage des droits établis en 1860.

Mais c'est précisément cet abaissement des prix qui cause les protestations dont je parlais tout à l'heure. Les cultivateurs se plaignent du peu de valeur des produits de culture industrielle; les ouvriers souffrent des chômages et de l'insuffisance de leur salaire; les industriels ne trouvent plus leurs capitaux suffisamment garantis contre les risques de leurs entreprises.

C'est donc une même cause, « l'abaissement des prix, » qui motive, de la part des industriels anglais, une demande de diminution, et, de la part des industriels français, une demande d'augmentation des tarifs.

Les fluctuations des valeurs, notamment en ce qui concerne la métallurgie et les fils et tissus de coton, dont le marché anglais est le grand régulateur, ne permettent pas d'établir une comparaison bien précise entre la moyenne des prix avant 1860 et depuis; mais il est permis d'affirmer que la concurrence anglaise a fait souvent et brusquement descendre ces prix à des chiffres ruineux, et qui ont causé en France de sensibles pertes. Donc, en maintenant les tarifs actuels, le Gouvernement français ne se montrera pas moins libéral, suivant l'expression du memorandum, qu'en 1860. Je pourrais même ajouter qu'il se montrera plus libéral, car les charges qui pèsent sur la production française se sont singulièrement aggravées depuis cette époque, tant sous le rapport des impôts que sous le rapport du service militaire, qui apporte de si grandes entraves au travail de nos manufactures.

Le memorandum fait remarquer que le droit actuel est, de fait, prohibitif pour un grand nombre de tissus de coton, de soie et de jute. Or, il résulte de nos statistiques de douanes que les importations françaises, qui n'étaient en 1864 que de 9,500,000 francs pour les tissus de coton, se sont élevées en 1878 à 68 millions de francs; celles des tissus de soie ont passé de 7,100,000 à 35,800,000 francs; et enfin, celles du jute, qui n'existaient pas en 1860, s'élèvent aujourd'hui à plus de 2,300,000 francs. Ces chiffres prouvent que nos tarifs ne sont pas aussi prohibitifs que le dit le memorandum.

En ce qui concerne les fils, il me serait facile de faire une démonstration tout aussi saisissante, et, s'il est vrai qu'une partie de nos ateliers de tissage est intéressée à l'abaissement des droits, il faut bien reconnaître que cet abaissement serait très préjudiciable à nos filateurs, qui ont déjà tant de peine à soutenir la concurrence anglaise, allemande, belge et suisse.

En ce qui concerne la distinction entre les droits sur les laines peignées et les droits sur les laines cardées, je dois rappeler que cette distinction a été établie, d'après l'avis du Conseil supérieur du commerce, pour réparer une erreur qui s'était glissée dans cette partie du tarif au moment de la conclusion des traités de commerce. Ces traités n'avaient fait aucune distinction entre les fils de laine peignée et les fils de laine cardée. Or, la filature de ces deux espèces de fil n'est pas la même, et par conséquent il n'y a pas similitude entre le numéro qui détermine la finesse relative de chacun de ces fils. C'est pour remédier à cet inconvénient que les fils de laine cardée ont été taxés dans le nouveau tarif des douanes à un taux plus élevé que les fils de laine peignée.

Comme le fait observer le memorandum, le droit sur les fers est très élevé. Mais il est certain que les conditions de la production métallurgique en Angleterre sont bien supérieures à celles de la France. Par suite, les droits, qui ont été considérablement abaissés en 1860, ne pourraient peut-être pas l'être davantage sans grave préjudice pour la métallurgie française. Sans doute le fer est un produit de première nécessité, dont l'intérêt général commande le bas prix; mais cette nécessité même nous impose l'obligation de garantir l'existence de nos établissements métallurgiques.

La demande d'abolition du droit sur la fonte est inadmissible et ne sera certainement pas consentie. Quant à l'unification des droits sur le fer et sur certains articles d'acier, je l'ai moi-même demandée et obtenue de la Chambre des Députés; mais la commission du Sénat a maintenu dans ses délibérations l'ancienne distinction.

Les incessantes découvertes de la chimie ont introduit dans l'industrie un certain nombre de produits chimiques nouveaux qui ne sont pas compris dans les anciens tarifs et qui nécessiteront un examen attentif dans les négociations futures; mais je ne crois pas utile d'en donner dès à présent la nomenclature.

Les réclamations de l'Angleterre, en ce qui concerne les droits sur le sel, sont déjà anciennes et ont donné lieu à des études très complètes, dont le résultat n'a pas été favorable à l'abaissement demandé. Une lutte très vive est engagée entre nos salines de l'Est et de l'Ouest. Celles-ci demandent à être protégées par un droit intérieur différentiel, alléguant, à l'appui de leur réclamation, les pertes que leur occasionne l'état climatérique des régions maritimes. Un abaissement des droits sur les sels étrangers rendrait leur situation plus pénible encore, et elles ne tarderaient pas à être anéanties sous le coup de cette nouvelle concurrence. Les enquêtes nombreuses qui ont été faites à ce sujet ont démontré la justesse de ces réclamations, et je ne prévois pas qu'il puisse être possible d'accueillir plus favorablement aujourd'hui que par le passé les demandes de l'Angleterre.

Le verre en table (glace), au sujet duquel le memorandum dit que, par inadvertance, cet article n'a pas été pris en suffisante considération au moment de l'établissement du tarif de 1860, est taxé à 3 fr. 50 cent. les 100 kilogr., chiffre très raisonnable et qui ne paraît pas devoir être modifié.

Papier. — L'abolition du droit de sortie sur les chiffons est inscrite dans notre nouveau tarif général, et nous aurons à examiner s'il y a lieu de l'inscrire également au tarif conventionnel. Par compensation, nous augmentons le droit sur le papier de 1 franc par 100 kilogrammes. Cette compensation n'a rien d'excessif. Aucun motif n'est indiqué à l'appui de la demande d'un droit *ad valorem* sur le papier de tenture, et je n'en vois pas.

Peaux préparées. — L'assimilation demandée pour les peaux de mouton et les peaux de chèvre est inscrite dans le tarif, qui les taxe uniformément à 10 francs les 100 kilogrammes. Sur ce point donc, l'Angleterre a satisfaction.

Poissons de mer frais. — Jusqu'ici l'Angleterre a paru moins préoccupée du droit de 5 francs les 100 kilogrammes, qu'elle paraît accepter, que de la faculté demandée par les pêcheurs anglais d'apporter directement leurs poissons dans nos ports, en nous accordant la réciprocité.

Le régime des pêches anglo-françaises a, du reste, fait l'objet d'une convention spéciale en date du 2 août 1839 et d'un règlement du 23 juin 1843, puis d'une nouvelle convention, signée le 11 novembre 1867, dont l'article 31 porte que les bateaux de pêche de l'un des deux pays seront admis, sous certaines conditions, à vendre leurs poissons dans les ports de l'autre désignés à cet effet. Mais un article additionnel stipulait que cette clause ne deviendrait exécutoire qu'après un accord ultérieur des deux Parties contractantes.

Cet accord ultérieur n'ayant pu s'établir, la convention de 1867 est demeurée sans effet et, par une dépêche du 23 juillet dernier, le Département des Affaires étrangères a proposé de reprendre les négociations pour arriver à une entente définitive.

Les deux questions de la vente des poissons et de la quotité du droit de douane sont ainsi connexes, et, comme elles font l'objet d'un arrangement séparé, je ne pense pas qu'il y ait lieu de les comprendre dans les négociations relatives au traité de commerce.

Amidon. — Le droit spécial et additionnel sur les boîtes qui renferment l'amidon est la conséquence légitime de l'impôt intérieur qui frappe, en France, le papier et le carton.

C'est la répétition sur le produit étranger d'un droit d'accise auquel est soumis le produit similaire français, telle qu'elle est prévue par l'article 9 du traité du 23 janvier 1860.

Quant au classement des capsules, enveloppes de cartouches et autres munitions de guerre, c'est une question que le Ministre de la Guerre peut seul résoudre, et c'est à lui qu'il appartiendra de se prononcer lors des négociations.

Nous aurons à examiner la convenance d'inscrire au tarif conventionnel les franchises de droits inscrites dans notre tarif général. Mais en ce qui concerne les céréales, qui n'ont jamais figuré dans aucun de nos traités, et en général pour tous les produits agricoles, je puis dès à présent répondre par la négative.

Telles sont les observations très sommaires qui m'ont été suggérées par la lecture du memorandum anglais que nous a transmis M. Challemel-Lacour.

N° 5.

NOTE

EN RÉPONSE AU MEMORANDUM CONCERNANT L'EXPERTISE,

communiquée par M. Challemel-Lacour, Ambassadeur de la République française à Londres,

à Sir Charles Dilke, Sous-Secrétaire d'État de Sa Majesté Britannique pour les Affaires étrangères.

Londres, 8 décembre 1880.

Les allégations contenues dans le memorandum anglais sur les expertises peuvent être divisées en six groupes principaux, savoir :

1. Exécution du protocole du 22 janvier 1874 et de la convention du 24 du même mois;

2. Liste d'experts;

3. Production des certificats d'origine, factures, etc.;

4. Affaires au sujet desquelles des réclamations ont été transmises au Foreign Office;

5. Retards apportés dans l'examen de ces réclamations;

6. Modifications à introduire dans le régime des expertises.

1. — Exécution du protocole du 22 janvier 1874 et de la convention du 24 du même mois.

I. D'après le memorandum, « les stipulations des traités concernant les expertises ne seraient pas exactement observées. . ., aucune distinction ne paraît avoir été établie entre la fraude et le résultat d'une erreur accidentelle. »

Cette observation n'est aucunement fondée. Le service des douanes n'a jamais manqué de faire une distinction entre l'erreur commise de bonne foi et la fraude intentionnelle. Dans les grandes douanes où s'importent les produits anglais, il ne s'écoule, pour ainsi dire, pas de journée que les chefs n'autorisent le service à passer outre à des irrégularités commises dans les déclarations. Dans les seules douanes de Boulogne, de Calais, de Paris-Batignolles et de Paris-Nord, le service des douanes a constaté 9,678 contraventions en 1879 et 4,997 dans les six premiers mois de l'exercice 1880. Les chefs locaux, reconnaissant la bonne foi des déclarants, ont arrêté immédiatement et laissé sans suite 7,506 affaires pour la première période et 3,946 pour la seconde. Ces chiffres témoignent hautement de l'esprit de bienveillante équité qui anime la douane.

Les infractions de l'espèce mettraient les intérêts sous le coup des pénalités édictées par la loi pour les cas de fausses déclarations; mais, toutes les fois que la douane reconnaît qu'il s'agit d'une « erreur accidentelle », elle se borne à faire rectifier la déclaration.

Ce n'est que lorsque l'intention de fraude paraît manifeste que l'on constate la contravention, et, dans ce cas, l'Administration des douanes se réserve toujours d'examiner, au point de vue des conclusions qui lui sont soumises par les chefs locaux, la part qu'il est possible de faire à l'indulgence, et c'est dans cet esprit que sont rendues les décisions de M. le Ministre des Finances dans les affaires dont la solution est soumise à son approbation, en vertu de l'ordonnance du 30 janvier 1822 (article 10).

« II. Les observations présentées par le Gouvernement de Sa Majesté n'ont souvent rencontré qu'un simple refus d'examiner à nouveau les décisions prises, alors même qu'il est prouvé que ces décisions ne sont pas justes. »

Lorsque l'Administration des Finances a été saisie des réclamations appuyées ou simplement transmises par l'Ambassadeur d'Angleterre, elle les a examinées avec toute l'attention à laquelle ont droit les demandes d'un Gouvernement ami.

Aucun fait n'est, du reste, articulé à l'appui de cette assertion.

« III. Tout ce qui a trait à l'expertise a été examiné dans les réunions de la « commission mixte tenue à Paris, de 1872 à 1874. Il fut prouvé que les plaintes « qui se sont produites à cette époque étaient parfaitement justifiées : pour re- « médier à l'état de choses signalé, le protocole du 22 janvier 1874 et l'article 4 « de la convention complémentaire du 24 janvier 1874 furent présentés et « acceptés par les deux Gouvernements. Les plaintes qui se sont produites auprès « du Gouvernement de Sa Majesté donnent lieu de penser que les dispositions « de ces traités n'ont pas été observées. »

Le Gouvernement anglais pouvait penser que le protocole et la convention de 1874 ont été établis dans le seul but de donner satisfaction aux plaintes des importateurs contre les exigences de la douane. La vérité est que ce sont surtout des considérations politiques qui ont présidé à la conclusion de ces actes.

De fait, on se trouvait, alors comme aujourd'hui, en présence de fraudes nombreuses commises, soit par les expéditeurs anglais, soit par les importateurs français. En ce qui touche notamment les marchandises taxées à la valeur, l'enquête parlementaire de 1870 fournit, à cet égard, d'intéressantes indications. Beaucoup de négociants ou d'industriels français évaluèrent les mésestimations à 25 p. o/o; la Direction générale des douanes exprima l'opinion que la proportion de celles qui échappaient à son service pouvait être fixée à 10 p. o/o, taux que le Secrétaire Général du Ministère du Commerce releva à 15 p. o/o.

On voit qu'il y avait plutôt à donner à la douane des garanties contre la fraude qu'à donner aux importateurs anglais des garanties contre les exigences de la douane. Celle-ci s'est, d'ailleurs, strictement conformée aux stipulations du protocole et de la convention de 1874. L'Administration des finances y a toujours tenu la main : c'est ainsi qu'on a annulé d'office plusieurs expertises dont le résultat était favorable à la douane, mais à l'égard desquelles la procédure suivie présentait des vices de forme, soit que le délai légal de notification eût été dépassé, soit que les échantillons n'eussent pas été prélevés selon les règles établies par la convention.

2. — Listes d'experts.

« IV. Les listes d'experts ne seraient pas produites annuellement, confor- « mément aux prescriptions du protocole : elles ne seraient pas suffisamment « détaillées. Elles devraient être revisées et tenues au courant. »

L'établissement d'une nouvelle liste chaque année serait un travail considérable et inutile. Il suffit que la liste arrêtée primitivement par la chambre de commerce de Paris soit tenue au courant des modifications survenues pendant l'année. Or, c'est ce qui a lieu. Tous les ans, et même plusieurs fois dans le courant de l'année, le Président de la chambre de commerce informe l'Administration des douanes des suppressions ou adjonctions à faire, et ces indications sont aussitôt transmises au Directeur de ce service à Paris. La Direction générale des douanes ne s'est jamais refusée non plus à donner aux importateurs communication de l'exemplaire déposé dans ses bureaux ni même à leur en envoyer des extraits, lorsqu'ils en ont fait la demande.

La liste actuelle est volumineuse : elle comprend plus de deux mille noms de négociants et d'industriels, et elle embrasse toutes les catégories de marchandises qui peuvent donner lieu à des contestations entre la douane et le commerce. Lorsque le nombre des experts inscrits pour certains articles se trouve insuffisant, le Département de l'agriculture et du commerce, sur la demande de la Douane ou des intéressés, fait augmenter ce nombre par la chambre de commerce. Il n'est pas sans intérêt de rappeler ici un fait qui témoigne du désir qu'a toujours eu l'Administration française de donner satisfaction aux demandes du Gouvernement anglais.

En 1875, l'ambassade d'Angleterre se plaignit de ce que les négociants et industriels français fussent seuls sur la liste, ce qui ne permettait pas aux importateurs anglais de se faire représenter par leurs nationaux établis à Paris. On aurait pu faire observer que le mandat dévolu aux experts de prononcer souverainement sur des questions de perception, étant, au fond, un véritable mandat judiciaire, ne pouvait être conféré à des étrangers; on aurait pu, d'un autre côté, exciper des termes mêmes du protocole qui laisse les chambres de commerce absolument maîtresses de leurs choix. Le Gouvernement français a mieux aimé donner au Gouvernement anglais une preuve de ses dispositions conciliantes et interpréter le traité de la façon la plus libérale ; il a autorisé la chambre de commerce de Paris à porter sur la liste officielle un certain nombre de négociants anglais.

3. — Certificats consulaires et Factures, etc.

« V. Le mode d'opérer adopté dans diverses circonstances par la douane « française ne paraît pas être uniforme. Des documents sont parfois requis à « l'appui de la déclaration, d'autres fois ils ne sont pas exigés. Peu d'attention « est souvent accordée aux factures, certificats des consuls français et autres « preuves d'origine. »

Le traité anglo-français rendait obligatoire la production de certificats d'origine; mais cette obligation a été supprimée, pour la généralité des marchandises, par le traité conclu avec la Suisse le 30 juin 1864; et le commerce anglais, en vertu de la clause de la nation la plus favorisée, a dû profiter de cette suppression.

En réalité, la douane n'exige et n'a à exiger de certificats d'origine, pas plus pour les produits anglais que pour ceux d'autres pays contractants. Les instructions de l'Administration des douanes sont précises à cet égard, et il ne paraît pas qu'elles aient été perdues de vue sur aucun point. Lorsque des intéressés produisent des certificats de l'espèce délivrés ou corroborés par les consuls français, le service ne peut évidemment qu'y accorder une grande attention; mais ces titres ne sauraient constituer une preuve, et il a toujours été admis, sans conteste, que la douane conserve le droit de recourir à l'expertise toutes les fois qu'elle juge que les termes des certificats ne sont pas en rapport avec la nature de la marchandise qui lui est présentée. Il est d'ailleurs à remarquer que, dans la plupart des cas, les consuls se bornent à légaliser les signatures des personnes qui ont délivré les pièces de l'espèce, attendu qu'ils n'ont, le plus souvent, aucun moyen de contrôler personnellement l'exactitude de ces attestations.

Relativement aux factures, les importateurs seraient dans leur droit en s'abstenant de les produire, le protocole du 14 décembre 1864 les ayant dispensés de cette formalité. Mais il est de leur intérêt de présenter ces pièces ou de fournir des notes de détail, dans le but d'accélérer les opérations de la visite, en permettant ainsi de procéder par épreuves, et c'est ce qui a lieu partout. Le département des finances n'a reçu à ce sujet qu'une seule réclamation émanant d'un commissionnaire de Boulogne. La difficulté qu'elle soulevait portait, non pas sur le fait même de la communication de la facture, mais spécialement sur le point de savoir si la douane devait restituer ce double, après l'accomplissement des opérations de la visite.

4. — Affaires au sujet desquelles des réclamations se sont élevées.

« VI. Il paraît douteux que le Comité d'expertise légale procède en conformité du paragraphe 4 de la convention du 24 janvier 1874, en déférant aux experts les points sujets à contestation. »

Il appartiendrait plus spécialement au Département du commerce de répondre à ce sujet, puisque le paragraphe 4 de la convention ne vise que les expertises quant à l'espèce ou à l'origine, lesquelles ont lieu au Ministère du commerce. On se bornera à faire remarquer que le simple examen des avis rendus par les experts établit que les doutes émis dans le memorandum ne sont pas fondés. Lorsqu'il s'agit d'affaires pour lesquelles les intéressés ont réclamé l'application de l'article 4 de la convention, l'expert de la douane et celui du déclarant statuent, et s'ils tombent d'accord, les commissaires-experts se bornent à enregistrer leur décision; ce n'est que dans le cas où il y a désaccord que les commissaires-experts prononcent conformément aux stipulations de la convention.

« VII. En tout cas, lorsque le Gouvernement français se prête à un com-
« plément d'enquête, il est établi que la décision rendue était complètement
« erronée. Le cas s'est produit au sujet des machines agricoles, *lawn mowing*,
« ou tondeuses de gazon, et d'un cirage désigné sous le nom *satin polish*. Ces
« marchandises étaient déclarées comme étant d'origine américaine, et il a été
« admis finalement qu'elles étaient d'origine anglaise. »

Les machines horticoles dont il s'agit, déclarées comme étant d'origine anglaise, ont été soumises à l'examen des experts du Gouvernement, les déclarants ayant renoncé au bénéfice de l'article 4 de la convention de 1874. Le Comité d'expertise a reconnu, par avis du 1er août 1879, qu'il s'agissait de machines américaines. Les importateurs ayant réclamé contre cette décision et demandé qu'il fût procédé à une nouvelle expertise, l'Administration a fait connaître qu'elle n'avait, à cet égard, aucune objection à élever. La contre-expertise a eu lieu le 24 octobre, au vu des échantillons déjà expertisés et de nouveaux modèles envoyés par les expéditeurs anglais comme provenant de la même fabrique que les machines importées; les experts ont déclaré que les modèles dont il s'agit n'étaient pas identiques à la machine qui avait fait l'objet de leur premier examen; ils ont ajouté qu'ils ne pouvaient que confirmer l'avis qu'ils avaient rendu.

Tout recours était ainsi épuisé, lorsque le Département des Finances reçut communication d'une nouvelle réclamation de l'expéditeur transmise par l'Ambassadeur d'Angleterre. Les Départements des Finances et du Commerce décidèrent que l'affaire devait être considérée comme ayant reçu une solution définitive.

On ajoutera que, si l'assertion rappelée plus haut (refus d'examiner à nouveau les décisions prises) visait cette affaire, le reproche serait inapplicable. En effet, l'Administration des Finances, par égard pour l'intervention de l'Ambassade d'Angleterre, dont elle s'est toujours efforcée de tenir compte, a exonéré les intéressés de toutes les pénalités encourues et a prescrit au service des douanes de terminer l'affaire par le simple remboursement des frais et le payement des droits du tarif général.

Le produit dit *Satin Polish*, que Mme Dackauer importe en France depuis plusieurs années, est une invention américaine. Pendant longtemps il n'a été fabriqué qu'aux États-Unis par MM. Brown et Cie, et il avait toujours été déclaré à la douane comme produit américain, lorsque, au mois de février dernier, Mme Dackauer fit connaître que la maison Brown venait d'établir une succursale à Londres. Une expertise étant en instance pour un envoi fait par Dunkerque et au sujet duquel on avait déposé une déclaration d'origine anglaise, l'Administration porta à la connaissance du Département du commerce les explications de Mme Dackauer et le pria de faire mettre sous les yeux des experts un certificat consulaire qui avait été remis par l'intéressée, dans le but d'établir que la marchandise en litige provenait bien de la succursale anglaise de la maison Brown.

Ce n'est que plus tard que se produisit la réclamation adressée par la maison Brown au Foreign Office, dans le but surtout de faire établir l'existence de la succursale en Angleterre.

L'expertise eut lieu le 11 mai, et elle confirma l'exactitude de la déclaration. La Direction générale des douanes fit déposer au bureau de Dunkerque un double de l'échantillon pour servir à la reconnaissance des produits similaires qui seraient importés à l'avenir, et Mme Dackauer s'empressa de déclarer que les mesures prises lui donnaient entièrement satisfaction.

« VIII. Un chargement d'amidon d'Écosse a été saisi sous le prétexte qu'il « était d'origine américaine : cette affaire est encore en suspens; mais il ne pa- « raît y avoir aucune raison d'admettre que, dans ce cas encore, la déclaration « de l'expéditeur anglais ne soit pas exacte. »

L'Ambassade d'Angleterre a transmis en même temps deux réclamations au sujet d'amidons : l'une formée par MM. Mackenzie, l'autre par M. Cardwell. Vu l'insuffisance des indications données, il n'a pas été possible de déterminer exactement à quelle affaire se rapportait la première réclamation. L'affaire Cardwell comprenait 160 sacs venus de Leith. L'avis des deux experts ayant été contradictoire, les commissaires-experts ont été appelés à prononcer en dernier ressort, et ils ont fait connaître qu'ils ne pouvaient déterminer d'une manière certaine l'origine de l'amidon en litige. Le doute, en pareil cas, bénéficiant à l'importateur, la déclaration a été admise comme exacte.

Ainsi, dans les trois affaires citées par le Foreign Office, aucun grief sérieux ne peut être imputé au service des douanes.

Il n'est pas sans utilité, d'ailleurs, d'opposer au petit nombre d'opérations qui ont donné lieu à des réclamations le chiffre total des affaires concernant les produits anglais qui ont été terminées conformément aux appréciations de la douane, sans soulever la moindre protestation de la part des intéressés. Pendant les sept premiers mois de l'année courante, le nombre des contestations qui ont nécessité l'intervention des experts s'est élevé à 547. En ce qui concerne celles qui portaient sur l'espèce ou l'origine, 34 ont été résolues à l'avantage des intéressés, et l'appréciation du service a été confirmée 21 fois. Ces résultats témoignent de l'impartialité des experts. J'ajoute que, dans plusieurs de ces affaires, les experts n'ayant pu se prononcer d'une manière certaine, on a toujours fait bénéficier de ce doute les importateurs. Quant aux marchandises taxées à la valeur, qui prêtent davantage à la fraude, en raison du mode même de tarification, elles ont motivé le recours aux experts pour 492 affaires, et 433 mésestimations ont été constatées. D'un autre côté, la douane a pratiqué, pendant la même période, pour des produits anglais, 12 préemptions, et le produit de la vente a toujours été de beaucoup supérieur aux prix déclarés augmentés de 5 p. 0/0.

5. — Retards dans la conclusion des affaires.

« IX. Le memorandum signale les retards qui auraient été apportés dans « l'examen des réclamations transmises par le Gouvernement anglais. »

On comprend qu'il n'est pas possible de répondre à bref délai aux réclamations de l'espèce. Indépendamment de l'enquête locale à laquelle il doit être procédé et qui prend un certain temps, il y a à tenir compte de ce fait que les explications doivent souvent passer par l'intermédiaire de plusieurs Départements. Il y a de plus à considérer que le plus grand nombre des affaires mérite un examen approfondi et qu'il serait difficile de les traiter plus rapidement qu'elles ne l'ont été jusqu'à présent. Il arrive également, comme dans les affaires précédemment citées de MM. Mackenzie et Cardwell, que l'insuffisance des indications données par les réclamants nécessite d'assez longues recherches.

D'un autre côté, en ce qui concerne l'affaire Chinnery (chapeaux de feutre), il y a lieu d'observer qu'elle soulevait une question de principe au sujet de la conversion des droits *ad valorem* en taxes spécifiques, et c'est l'étude de cette question qui a déterminé un certain retard. Enfin, relativement à l'affaire Christy (bobines en bois), l'Administration des douanes a dû examiner, en même temps, une réclamation que les destinataires de la marchandise, MM. Bourdon et Cie, de Dunkerque, avaient adressée directement au département du commerce.

6. — Modifications à introduire dans le régime des expertises.

« X. Le système préférable serait, en tout cas, pour ce qui concerne les « objets visés par l'article 4 de la convention complémentaire du 24 janvier « 1874, de permettre au déclarant, s'il conteste la décision des experts, de « faire appel de cette décision, sous certaines conditions quant aux frais. »

Dans les expertises relatives aux objets visés par l'article 4 de la convention complémentaire du 24 janvier 1874, les deux experts désignés, l'un par la douane et l'autre par l'importateur, tombent généralement d'accord pour prononcer leur décision. Il ne saurait évidemment être question de faire appel d'un jugement rendu par l'arbitre que l'intéressé lui-même a choisi, auquel il a donné préalablement toutes les explications et fourni tous les documents propres à éclairer sa conscience. Dans les cas très rares où les experts des deux parties sont en désaccord, le soin de prononcer appartient, d'après les stipulations mêmes de la convention supplémentaire, et comme il a été expliqué plus haut, au comité d'expertise légale institué auprès du Ministère du commerce. Mais, outre que ce comité offre, par sa composition même, les garanties les plus complètes d'impartialité, il est à remarquer qu'il statue en présence même des experts des parties et après les avoir entendus développer contradictoirement leur avis.

On estime, en conséquence, que le système proposé par le Foreign Office ne pourrait qu'introduire dans la marche des affaires des complications inutiles.

Au surplus, ce qui paraîtrait préférable, ce serait de laisser à la législation intérieure de chaque pays le soin de régler les questions d'expertises, qui, de fait, sont des questions de procédure et, par conséquent, d'ordre intérieur. C'est ce qui a lieu en Angleterre, et l'on s'explique difficilement que les questions de cette nature puissent faire l'objet de conventions internationales, dès l'instant où la réciprocité n'existe pas.

N° 6.

NOTE

de M. Tirard, Ministre de l'Agriculture et du Commerce,

à M. Barthélemy-Saint Hilaire, Ministre des Affaires étrangères.

Communiquée, le 13 décembre 1880, à M. le comte Granville, Principal Secrétaire d'État de Sa Majesté Britannique pour les Affaires étrangères, par M. Challemel-Lacour, Ambassadeur de la République française à Londres.

Paris, 2 juillet 1880.

Le Gouvernement de Sa Majesté Britannique, dans une dépêche en date du 13 janvier 1878, que votre département a communiquée à l'un de mes prédécesseurs, demandait avec instance que la question des droits à établir sur les huiles minérales fût promptement soumise au vote de la Chambre des Députés.

L'honorable M. Teisserenc de Bort a répondu, à la date du 23 du même mois, que le projet de tarif général des douanes avait été déposé sur le bureau de cette Chambre dans la séance du 21 janvier 1878, qu'il était à l'étude, et que le Gouvernement n'avait aucun moyen d'en hâter la discussion et le vote, et il ajoutait qu'il était impossible de procéder à une modification de nos droits intérieurs avant d'être définitivement fixé sur le chiffre de notre tarif d'exportation.

Une nouvelle note très pressante nous ayant été de nouveau adressée par M. l'Ambassadeur de Sa Majesté Britannique, je ne puis que me référer à la réponse de M. Teisserenc de Bort, la situation étant la même qu'au mois de janvier 1878.

Il ne paraît cependant pas inutile d'examiner brièvement le fond même de la demande de lord Lyons et de rechercher dans quelle mesure sa réclamation peut et doit être accueillie.

Cet examen me paraît, dès aujourd'hui, d'autant plus opportun que la question des huiles minérales a donné lieu déjà à des contestations et à des difficultés qui ne me paraissent pas avoir été réglées à la satisfaction des intérêts français.

En effet, avant 1871, les huiles minérales n'étaient comprises dans aucun traité de commerce et restaient ainsi assujetties aux conditions de notre tarif général. Par simple décision administrative, ces huiles furent assimilées à l'essence de houille et taxées, en conséquence, au droit de 5 p. 0/0. Cette assimilation, toute volontaire de notre part, ne formait aucun lien, aucun contrat vis-à-vis des Puissances étrangères; nous avions donc le droit incontestable d'insérer dans notre tarif général une surélévation applicable à une substance qui ne figurait, je le répète, dans aucun tarif conventionnel.

C'est par application de ce principe que toutes les huiles minérales de provenance étrangère furent soumises, par la loi du 8 juillet 1871, aux droits suivants :

Huiles brutes	20 francs les 100 kilogr.
Huiles raffinées	32
Essences	40

plus une surtaxe de 5 francs pour les provenances d'ailleurs que du pays de production.

Une autre loi du 16 décembre 1871 étendit l'impôt aux huiles de schiste françaises, qu'elle taxa ainsi :

Huiles brutes	6f 00c les 100 kilogr., décimes compris.
Huiles raffinées	9 60

La Belgique ne fit entendre aucune réclamation; mais l'Angleterre éleva la prétention de continuer à ne payer que 5 p. o/o, ou 3 francs par 100 kilogrammes pour les huiles de boghead, alors que nos huiles de schiste payaient 9 fr. 60 cent., et les huiles américaines 32 francs.

Cette prétention excessive et inadmissible fut repoussée tout d'abord par le Gouvernement français. Le Gouvernement anglais insista cependant, et, se plaçant sur un terrain nouveau, il invoqua les articles 1 et 16 du traité du 23 juin 1860, qui fixent à 30 p. o/o le maximum des droits à établir par le Gouvernement français sur les objets et marchandises énumérés audit traité jusqu'au 1er octobre 1864, et à 25 p. o/o à partir de cette époque. Ce maximum de droits ne s'appliquant qu'aux marchandises énumérées dans le traité, cette prétention n'était pas plus soutenable que la première, et le Gouvernement anglais, le comprenant, se contenta de demander, en vertu de la clause du traitement de la nation la plus favorisée, à ne payer que le droit de 32 francs pour les huiles d'origine britannique comme pour les huiles des pays hors d'Europe, en les exonérant de la surtaxe d'entrepôt de 5 francs appliquée aux arrivages des pays d'Europe. Toute la contestation paraissait donc se réduire, en définitive, à une simple question de surtaxe d'entrepôt, dont le maintien était facile à soutenir, mais qui, au fond, ne présentait pas une grande importance, ainsi que le constate une note insérée dans le Livre Jaune publié en 1872.

Cependant, les Anglais obtinrent gain de cause, et, sans qu'il apparaisse aucun motif nouveau, toute satisfaction leur a été accordée par le traité signé, le 23 juillet 1873, à Versailles, et ratifié par l'Assemblée nationale le 29 juillet suivant.

L'article 4 de ce traité est ainsi conçu :

« A partir du 1er janvier 1874, ou plus tôt si faire se peut, les huiles « minérales d'origine britannique seront admises en France et en Algérie « au droit de douane de 5 p. o/o, c'est-à-dire au taux du droit en vigueur « avant la loi du 8 juillet 1871. Il demeure cependant convenu que lesdites « huiles devront, conformément aux dispositions de l'article 9 du traité du « 23 janvier 1860, remis en vigueur par l'article 1er du présent traité, acquitter « en outre les droits de 5 ou 8 francs par 100 kilogrammes, établis sur « les huiles brutes ou raffinées par la loi du 16 septembre 1871, ou ceux « qui seraient ultérieurement établis sur les mêmes huiles fabriquées en « France.

« Une commission, qui sera composée d'un membre nommé par chaque « Gouvernement, se réunira à Paris immédiatement après la ratification du « présent traité, pour régler de la manière ci-dessous prévue les questions re- « latives aux droits perçus sur les huiles minérales d'origine britannique, et, « en même temps, pour examiner toute autre question que les Hautes Parties

« contractantes conviennent ou conviendront de lui soumettre, et en faire « l'objet d'un rapport.

« Le bénéfice des dispositions précédentes sera étendu aux huiles minérales « d'origine britannique ayant fait l'objet de marchés pour la livraison desdites « huiles en France avant la promulgation de la loi du 8 juillet 1871.

« La commission examinera dans quelle mesure il sera possible d'effectuer « le remboursement des droits perçus en plus du droit de 5 p. o/o et de la « taxe de 5 ou 8 francs par 100 kilogrammes, ci-dessus indiquée, dans le cas « où des huiles minérales d'origine britannique auraient été introduites en France « depuis la promulgation de la loi du 8 juillet 1871, autrement que pour l'exé- « cution de contrats préalablement passés.

« En ce qui concerne les contrats ci-dessus visés, le règlement comprendra « une indemnité des poursuites exercées pour défaut d'exécution des contrats « passés avant l'application de la loi du 8 juillet 1871.

« Les Hautes Parties contractantes, avant l'échange des ratifications du pré- « sent traité, nommeront une tierce personne destinée à intervenir comme ar- « bitre sur toute matière en rapport avec les questions ci-dessus désignées, qui « se rattachent aux huiles minérales et sur lesquelles les commissaires ne seront « pas d'accord. La commission déférera toute difficulté de cette nature à l'ar- « bitre, dont la décision sera obligatoire pour les commissaires qui feront leur « rapport en conséquence.

« Les Hautes Parties contractantes prendront sans retard les mesures « nécessaires pour l'exécution des décisions de la commission ou de l'ar- « bitre. »

Indépendamment de cette réduction considérable des droits consentis en faveur de l'Angleterre, le quatrième paragraphe de ce même article donnait ouverture au remboursement des droits perçus en plus du droit de 5 p. o/o et de la taxe de 5 ou 8 francs (6 francs et 9 fr. 60 cent., décimes compris) par 100 kilogrammes, depuis la promulgation de la loi du 8 juillet 1871.

Ce remboursement effectué, il restait à parer aux inconvénients de l'application de la taxe de 5 p. o/o substituée à celle fixée par la loi du 8 juillet 1871. Il est certain que cette substitution n'aurait pas tardé à faire disparaître une notable partie de nos recettes, car les Anglais n'auraient pas manqué d'introduire chez nous les pétroles américains, à la faveur de leur tarif, en les mélangeant avec leur *boghead,* ou bien encore de nous envoyer ces *boghead,* sauf à les remplacer dans leur propre consommation par les huiles de pétrole.

Dans cette alternative, nous n'avions d'autre moyen de sauver une importante recette que de relever le droit sur les huiles de schiste fabriquées en France, de manière à ne laisser subsister entre ce droit et celui des produits étrangers qu'un écart de 5 p. o/o.

C'est ce qui a été fait par la loi du 29 décembre 1873, qui a établi le tarif suivant sur les huiles minérales françaises :

Essences à 700 degrés	44f 50c les 100 kilogr.
Essences à 800 degrés	34 50
Huiles raffinées au-dessous de 800 degrés, supplément de 10 centimes pour chaque degré en moins.	
Huiles brutes :	
Par quintal métrique d'essence à 700 degrés	32 00
Par quintal d'huile pure à 800 degrés	22 00

Puis, la loi du 30 décembre a mis le tarif en harmonie avec cette nouvelle assiette de l'impôt intérieur, en établissant, pour l'essence et pour l'huile raffinée, une double échelle de droits applicables l'une ou l'autre, selon que l'essence et l'huile raffinée étaient importées séparément ou incorporées dans l'huile brute.

Dans le premier cas, les droits sont fixés comme suit, pour les provenances des pays étrangers non contractants :

Essence à 700 degrés	47f 00c les 100 kilogr.
Huile raffinée à 800 degrés	37 00

Dans le second cas :

Essence à 700 degrés	40f 00c les 100 kilogr.
Huile raffinée à 800 degrés	30 00

Pour les pays contractants, les droits sont les mêmes que ceux qui frappent les produits nationaux, augmentés de 5 p. o/o de la valeur des produits importés, conformément aux prescriptions de l'article 4 du traité du 23 juillet 1873.

C'est cependant contre cette disposition que portent les réclamations des importateurs anglais. Ils prétendent que la protection accordée à la production française dépasse les 5 p. o/o fixés par le traité. Ils allèguent, à l'appui de leur affirmation, que le droit de 22 francs par 100 kilogrammes d'huile pure d'une densité de 800 degrés renfermée dans l'huile brute, et déclarée comme telle, est loin d'être en proportion exacte avec le droit de 34 fr. 50 cent. dont sont frappés les 100 kilogrammes d'huile raffinée. Cette disproportion est telle, disent-ils, que les fabricants français se gardent bien de jamais déclarer leurs huiles à l'état de raffiné et qu'ils profitent toujours du bénéfice énorme que leur procure le droit de 22 francs sur les huiles brutes pour 100 kilogrammes d'huile pure à 800 degrés qu'elles contiennent. Les Anglais, au contraire, qui n'introduisent que les huiles raffinées, ne jouissent pas de ce bénéfice, et ils ont à supporter ainsi une concurrence de beaucoup supérieure à l'écart de 5 p. o/o fixé par le traité.

Je ne suivrai pas les réclamants dans les calculs techniques auxquels ils se sont livrés pour démontrer l'évidence des faits qu'ils énoncent. Je me contenterai de faire observer que la France a usé d'un droit absolu en établissant, comme il lui a convenu de le faire, sa législation intérieure. Elle n'avait pas à se préoccuper de la nature des produits importés par l'Angleterre, produits qui, d'ailleurs, n'ont pas, comme richesse native, une complète analogie avec les produits français. Si les fabricants anglais estiment qu'il est plus avantageux de payer le droit de 22 francs sur les huiles brutes que celui de 34 fr. 50 cent. sur les raffinées, rien ne s'oppose à ce qu'ils importent des huiles brutes qui seront raffinées en France; mais il me paraît impossible qu'ils puissent avoir la prétention de s'opposer à une tarification basée sur le rendement de nos roches schisteuses, qui sont relativement d'une pauvreté extrême. En résumé, l'écart entre les raffinés français et anglais, comme l'écart entre les huiles brutes des deux pays, est exactement de 5 p. o/o, ainsi que le veut le traité, et l'on n'a rien à nous demander de plus. Je reconnais, cependant, que la loi du 29 décembre 1873 est quelque peu compliquée et qu'il pourrait y avoir avantage à la modifier dans le sens indiqué par M. Teisserenc de Bort dans le projet de tarif général soumis en ce moment à la sanction des Chambres. C'est là une solution qui aura, je l'espère, l'avantage de donner satisfaction aux réclamations des importateurs anglais; mais c'est une mesure purement volontaire de notre part, qui ne peut nous être imposée, et dont il ne dépend pas du Gouvernement de faire une application immédiate, puisque les Chambres ne se sont pas encore prononcées sur le tarif général des douanes qui doit servir de base à la tarification de nos propres produits.

N° 7.

NOTE

remise à M. Barthélemy-Saint Hilaire, Ministre des Affaires étrangères,

par lord Lyons, Ambassadeur d'Angleterre.

(TRADUCTION.)

Paris, 18 janvier 1881.

Conformément à la promesse qu'il avait faite, hier, à M. Barthélemy-Saint Hilaire, lord Lyons a, aujourd'hui, l'honneur de transmettre à Son Excellence un document contenant *pro memoria* le résumé des conversations qui ont eu lieu, à Londres, entre S. Exc. M. Challemel-Lacour et sir Charles Dilke, au sujet du nouveau tarif conventionnel français proposé et de la conversion des droits actuels *ad valorem* en droits spécifiques.

Selon le désir de M. Barthélemy-Saint Hilaire, sir Charles Dilke a eu l'honneur, lors de son séjour à Paris, en octobre dernier, de conférer à ce sujet avec M. le Président du Conseil, Ministre de l'Instruction publique et des Beaux-Arts, et avec M. le Ministre de l'Agriculture et du Commerce; aussi lord Lyons se permet-il de renouveler la proposition qu'il a faite verbalement, hier, de communiquer le document ci-joint à Leurs Excellences.

Lord Lyons profite de cette occasion pour renouveler à M. Barthélemy-Saint Hilaire l'expression de sa très haute considération.

ANNEXE.

PRO MEMORIA.

(TRADUCTION.)

Dans le courant des deux derniers mois, plusieurs conversations ont eu lieu entre S. Exc. M. Challemel-Lacour et Sir Charles Dilke, au sujet du nouveau tarif conventionnel français et de la conversion des droits actuels *ad valorem* en droits spécifiques.

M. Challemel-Lacour a paru soutenir que les droits indiqués dans le projet de loi sur le nouveau tarif général récemment voté par la Chambre des Députés sont les mêmes que ceux du tarif conventionnel en vigueur, augmentés de 24 p. o/o.

On a fait remarquer à Son Excellence que, en ce qui concerne la comparaison avec des droits spécifiques en vigueur et dans le cas de droits spécifiques nouvellement imposés, il n'y a aucune difficulté à calculer le taux exact de l'augmentation proposée en vertu du nouveau projet de loi sur le tarif général. On lui a rappelé qu'il avait été entendu entre les deux Gouvernements, dans tout le cours des communications préliminaires aux négociations commerciales, que le tarif conventionnel en vigueur, et non pas le nouveau tarif général proposé, formerait la base de ces négociations. En conséquence, on lui a représenté qu'il n'est point nécessaire d'examiner en son entier le nouveau tarif général proposé et qu'il suffit de citer les articles suivants du nouveau tarif proposé relatifs aux produits chimiques, pour démontrer que l'augmentation dépasse de beaucoup 24 p. o/o, savoir :

Le brome;

L'iode;

L'iodure de potassium, et les acides citrique, gallique et tartrique.

M. Challemel-Lacour a dit qu'il avait voulu indiquer une règle générale, et il a admis qu'il existe des exceptions frappantes (*startling*) à cette règle.

On a encore fait remarquer à M. Challemel-Lacour qu'en ce qui concerne les taux auxquels il est proposé de convertir les droits *ad valorem* en vigueur en droits spécifiques, le Gouvernement de Sa Majesté Britannique a été avisé que, dans beaucoup de cas, l'équivalent exact des taux actuels a été dépassé, et que, en ce qui concerne les tissus, ce fait est surtout manifeste pour les tissus de laine et certains tissus de coton.

On a, en outre, fait remarquer à Son Excellence que le Gouvernement de Sa Majesté Britannique continue son opposition à l'abolition proposée des droits *ad valorem*, et que, si cette proposition est encore maintenue, la marche pratique à suivre serait que le Gouvernement français préparât et communiquât l'échelle précise des droits qu'il désire annexer au nouveau traité de commerce, en remplacement des droits *ad valorem* en vigueur.

On lui a fait également observer que cette nouvelle échelle des droits nécessitera un examen minutieux, et que cet examen exigera probablement un délai considérable.

N° 8.

M. le Comte Horace de Choiseul, Sous-Secrétaire d'État au Département des Affaires étrangères,

à M. Challemel-Lacour, Ambassadeur de la République française à Londres.

Paris, 25 janvier 1881.

Monsieur, lord Lyons vient de me remettre le *Pro memoria* dont je crois devoir vous adresser ci-joint une copie [1].

Ainsi que vous le verrez, cette note se réfère à des entretiens que vous avez eus avec sir Charles Dilke, relativement au nouveau tarif conventionnel qui serait proposé par le Gouvernement français et à la conversion en droits spécifiques des droits *ad valorem* actuellement existants.

Je vous serais obligé de vouloir bien me communiquer les observations que vous suggérerait la lecture de ce document : en le transmettant à M. le Ministre du Commerce, conformément au désir que m'avait exprimé lord Lyons, j'ai, d'ailleurs, pris soin de rappeler que vos entretiens avec les membres du Cabinet britannique, de même que ceux de votre prédécesseur, sur la question du traité de commerce, n'avaient pas de caractère officiel. Il s'agissait uniquement de pourparlers officieux et d'un échange de vues qui ne pouvait lier ni l'un ni l'autre des deux Gouvernements. L'ouverture de négociations commerciales entre la France et l'Angleterre a été constamment subordonnée au vote, par les Chambres françaises, du nouveau tarif général des douanes, et c'est dans ces conditions que les actes conventionnels énumérés dans la déclaration du 10 octobre 1879 ont été prorogés, d'un commun accord, entre les deux Pays.

Agréez, etc.

Horace de Choiseul.

---

[1] Voir à la page précédente.

N° 9.

PRO MEMORIA

remis par lord Lyons, Ambassadeur d'Angleterre,

à M. Barthélemy-Saint Hilaire, Ministre des Affaires étrangères.

(TRADUCTION.)

21 février 1881.

Il est probable que la nouvelle loi sur le tarif général pourra être votée et promulguée dans la première moitié de la présente année. S'il en était ainsi, le délai de six mois pour l'expiration des traités commencerait immédiatement à courir, et ces traités expireraient avant la fin de l'année. Ils pourraient même expirer à une époque où la législature française ne serait pas en session, et l'on ne pourrait obtenir la sanction législative soit pour un nouveau traité, soit pour une prorogation momentanée des traités actuels.

Dans cet état de choses, il se peut non seulement que le temps dont on pourra disposer pour négocier soit très court, mais encore que, dans les circonstances les plus favorables, le Gouvernement de Sa Majesté Britannique se trouve placé dans une situation assez embarrassante.

En conséquence, le Gouvernement de Sa Majesté Britannique désire vivement être informé du moment où le Gouvernement français sera en mesure d'entamer les négociations, et il tient à faire remarquer que ces négociations exigeront un certain temps, surtout si le Gouvernement français se propose de changer des droits *ad valorem* en droits spécifiques.

En ce qui concerne la communication projetée des vues du Gouvernement français au sujet du projet du nouveau traité de commerce et de navigation entre la France et la Grande-Bretagne, le Gouvernement de Sa Majesté Britannique considère comme très important que cette communication soit faite le plus tôt possible, en raison de la nature des différentes questions à étudier et du peu de temps réservé pour les négociations.

En effet, il faudra examiner les vues du Gouvernement français avant que le Gouvernement de Sa Majeste Britannique puisse être en mesure de reprendre les négociations; le Gouvernement de Sa Majesté Britannique serait donc heureux d'obtenir communication de ces vues, assez tôt pour pouvoir les prendre en considération, même avant que le Gouvernement français ait envoyé à Londres des personnes chargées de collaborer à la préparation du nouveau traité.

S. Exc. M. Tirard a fait l'honneur à lord Lyons de lui demander si l'on avait conclu ou si l'on était sur le point de conclure un arrangement commercial spécial entre la Grande-Bretagne et l'Allemagne.

Aucun avis de l'intention de faire cesser ou de modifier le traité de commerce en vigueur entre la Grande-Bretagne et l'Allemagne n'a été signifié par l'un ou par l'autre de ces Pays.

De son côté, le Gouvernement de Sa Majesté Britannique désire être renseigné sur la situation actuelle du Gouvernement français vis-à-vis d'autres pays dont les traités sont arrivés à échéance ou expireront lors de la promulgation de la nouvelle loi sur le tarif général.

N° 10.

MEMORANDUM

remis par M. Barthélemy-Saint Hilaire, Ministre des Affaires étrangères,

à lord Lyons, Ambassadeur d'Angleterre.

Paris, 28 février 1881.

Dans une note *pro memoria* portant la date du 21 février, Son Excellence lord Lyons a témoigné, au nom du Gouvernement de Sa Majesté Britannique, le désir de connaître les vues du Gouvernement de la République sur divers points se rattachant à la négociation projetée d'un traité de commerce et de navigation entre la France et l'Angleterre.

En ce qui concerne, tout d'abord, l'époque à laquelle le nouveau tarif général des douanes sera voté et promulgué, le Gouvernement français a tout lieu de penser, comme le suppose la note de lord Lyons, que ce vote et cette promulgation auront lieu dans la première moitié de cette année, sans qu'il soit possible, cependant, de l'affirmer en toute certitude. Il se peut aussi que la promulgation de ce tarif général soit faite trop peu de temps avant la prorogation du Parlement pour qu'un nouveau traité obtienne l'approbation des Chambres avant l'expiration du délai de six mois au terme duquel les conventions actuelles doivent cesser d'être en vigueur.

Appréciant, dans tous les cas, de même que le Gouvernement britannique, l'intérêt qu'il y aurait à hâter autant que possible l'ouverture des négociations, le Gouvernement français serait, d'ailleurs, disposé à les engager, dès que le Sénat aura terminé la discussion du tarif général, sans attendre le vote définitif subordonné à une entente avec la Chambre des Députés.

D'un autre côté, Son Excellence lord Lyons a signalé le prix qu'attacherait son Gouvernement à être informé, d'une manière générale, avant même que des délégués français fussent envoyés à Londres, des principales dispositions qui devraient, dans la pensée du Gouvernement de la République, être admises comme base du nouveau traité de commerce.

En réservant la question relative au choix de la ville où se suivront les négociations, le Gouvernement français résume ainsi qu'il suit les indications qui lui sont demandées:

Le traité ne comprendra ni les céréales ni les bestiaux.

Les droits spécifiques seront substitués aux droits *ad valorem*.

Quant aux droits à inscrire dans la convention, ils seraient ceux du tarif général, moins la majoration de 24 p. o/o, dont la suppression déterminerait, pour la plupart des articles, la base des taxes conventionnelles.

En ce qui concerne notamment les fers, fontes et aciers, les droits du tarif général ont été ramenés à ceux du tarif conventionnel actuel, et même au-dessous pour certains articles; ces droits seraient inscrits dans la nouvelle convention.

Les articles à comprendre dans le traité seraient limités strictement aux produits d'importation anglaise, de manière à ne pas y consacrer des avantages qui, sans utilité pour l'Angleterre, profiteraient aux autres États pouvant réclamer le traitement de la nation la plus favorisée.

Tels sont les principaux points que le Gouvernement de la République croit pouvoir, dès à présent, indiquer sommairement, en réponse à la note que lord Lyons a bien voulu remettre à M. Barthélemy-Saint Hilaire.

N° 11.

M. Barthélemy-Saint Hilaire, Ministre des Affaires étrangères,

à M. Challemel-Lacour, Ambassadeur de la République française à Londres.

Paris, 2 mars 1881.

Monsieur, j'ai reçu de lord Lyons un nouveau *Pro memoria*, ayant pour objet de connaître les vues du Gouvernement de la République sur divers points se rattachant aux négociations commerciales projetées entre la France et la Grande-Bretagne.

En réponse à cette note, dont vous trouverez ci-joint copie, j'ai remis à l'Ambassadeur de Sa Majesté Britannique le memorandum également ci-annexé, dont les termes ont été concertés entre mon Département et ceux du Commerce et des Finances.

Comme vous le verrez, les indications qui se trouvent précisées dans ce memorandum permettent de se rendre compte des conditions dans lesquelles nous nous proposons de déterminer le régime applicable, à l'entrée en France, aux importations anglaises; je ne puis que vous prier de vous y référer, lorsque vous entretiendrez de cette affaire les membres du Cabinet britannique.

Il nous a, d'ailleurs, paru à propos de limiter autant que possible notre réponse à la note de lord Lyons et de réserver notamment, pour le moment où les négociations officielles seront engagées, les concessions que nous aurons à demander à l'Angleterre.

Agréez, etc.

BARTHÉLEMY-SAINT HILAIRE.

N° 12.

MEMORANDUM

remis par lord LYONS, Ambassadeur d'Angleterre,

à M. BARTHÉLEMY-SAINT HILAIRE, Ministre des Affaires étrangères.

(TRADUCTION.)

Paris, 15 mars 1881.

Le Gouvernement de Sa Majesté a examiné avec attention le memorandum, en date du 28 février, que M. Barthélemy-Saint Hilaire a bien voulu envoyer à lord Lyons le 2 de ce mois.

On admet, dans ce memorandum, la possibilité que la promulgation de la loi portant établissement du nouveau tarif général ait lieu trop peu de temps avant la prorogation des Chambres françaises pour permettre qu'un nouveau traité obtienne la sanction de la législature avant l'expiration du délai de six mois, au terme duquel les traités existants doivent cesser d'être en vigueur.

La dénonciation des traités actuels est le fait du Gouvernement français, et le Gouvernement de Sa Majesté lui a représenté, à plusieurs reprises, qu'il faudrait du temps pour examiner et discuter les différentes questions que soulèvera la préparation d'un nouveau traité, surtout si des modifications dans l'assiette des droits viennent à être proposées. Le Gouvernement de Sa Majesté ne peut envisager sans la plus sérieuse appréhension l'éventualité de l'expiration des traités de commerce actuellement existant entre les deux Pays avant l'entrée en vigueur du nouveau traité. Il se croit obligé de déclarer formellement et explicitement au Gouvernement français que cette expiration des traités créerait un état de choses fâcheux; il juge de son devoir de protester d'avance contre cette éventualité et de demander au Gouvernement français de prendre en temps opportun des mesures pour empêcher que les traités actuels expirent avant que la législature française ait sanctionné le nouveau traité et que les ratifications en aient été échangées. Il appartient au Gouvernement français de décider comment il devra procéder pour prévenir la calamité (*calamity*) qui frapperait autrement les deux Pays; mais il semble évident que, si le nouveau tarif général doit être promulgué à une date rapprochée, il convient que la durée des traités existants et du tarif conventionnel soit prolongée pour une période telle qu'elle permette de négocier immédiatement un nouveau traité, de le faire sanctionner par la législature française, enfin de le ratifier et de le mettre en vigueur.

Le Gouvernement de Sa Majesté regrette beaucoup que le memorandum ne renferme aucune proposition relativement à la diminution des droits et à l'amélioration des règlements de douane.

L'amélioration du *statu quo*, dans le sens du développement des relations commerciales, était l'une des bases de négociation énumérées dans la note de M. Léon Say, en date du 8 juin dernier.

Le public anglais a fondé là-dessus des espérances, et il est à craindre, dès lors, que le memorandum ne cause un grand désappointement. Il paraît au Gouvernement de Sa Majesté que, ni au point de vue fiscal ni au point de vue protecteur, les circonstances ne réclament le maintien du tarif des douanes françaises, soit sous sa forme actuelle, soit sous la forme qui est proposée. Les vues du Gouvernement de Sa Majesté à cet égard sont exposées en détail dans la note adressée, le 23 août dernier, à l'Ambassadeur de France à Londres.

M. Léon Say proposait, d'autre part, comme base de négociation, « un examen des moyens de supprimer les fraudes en douane »; mais, au lieu d'entrer dans cette voie, le memorandum pose en principe, d'une manière absolue, la suppression des droits *ad valorem*. Le Gouvernement de Sa Majesté est tout prêt à discuter cette question des fraudes en douane qui ont été alléguées et à concourir aux mesures destinées à en amener la suppression; mais il attache beaucoup d'importance au maintien des droits *ad valorem*, qui, à moins que les droits de douane ne soient extrêmement faibles, semblent d'une nécessité absolue pour certaines variétés de produits anglais, si l'on veut qu'ils donnent lieu à quelques échanges.

On suggère, dans le memorandum, de restreindre le nombre des articles à comprendre dans le tarif qui serait annexé au futur traité. Sur ce point, cependant, comme en général sur les détails du tarif, le memorandum n'est pas assez explicite pour permettre au Gouvernement de Sa Majesté de se rendre pleinement compte des intentions du Gouvernement français. Il y a plusieurs questions spéciales, telles que celles des huiles minérales, de l'expertise, etc., qui, dans l'opinion du Gouvernement de Sa Majesté, pourraient avec avantage être traitées dans le cours des prochaines négociations commerciales.

Quant au siège des futures négociations, bien qu'aucun accord formel ne se soit établi, on a compris, d'après le langage tenu dans les derniers pourparlers, qu'il serait fixé à Londres. Le Gouvernement de Sa Majesté admet que les négociations entre l'Angleterre et la France précèdent les négociations analogues entre la France et d'autres pays, et il désire, en tant qu'il dépend de lui, seconder les désirs du Gouvernement français en vue d'une prompte conclusion; mais, avant d'entamer les négociations effectives, il aura besoin d'examiner les changements de tarif proposés et les questions que soulèvent ces propositions. Les informations reçues jusqu'à présent par le Gouvernement de Sa Majesté ne sont pas suffisantes pour lui permettre d'élucider ces questions d'une manière satisfaisante, et, pour gagner du temps, il suggérerait au Gouvernement français d'envoyer immédiatement à Londres une personne compétente pour donner des explications sur ces divers points, avant l'ouverture des négociations officielles.

N° 13.

M. Barthélemy-Saint Hilaire, Ministre des Affaires étrangères, à Lord Lyons, Ambassadeur d'Angleterre.

Paris, 30 mars 1881.

Monsieur l'Ambassadeur, Votre Excellence m'a fait l'honneur de me communiquer, le 15 de ce mois, un *memorandum* relatif aux négociations commerciales projetées entre la France et l'Angleterre.

Dans cette note, Votre Excellence signale, au nom de son Gouvernement, l'importance qu'il y aurait, dans l'intérêt des relations commerciales entre les deux Pays, à ce qu'un nouveau traité fût conclu avant le délai de six mois, auquel a été limitée la durée des conventions actuelles au delà du jour de la promulgation du tarif général des douanes de France. Afin de préparer et de rendre ultérieurement plus rapide la négociation officielle, vous avez bien voulu, Monsieur l'Ambassadeur, exprimer le désir que, dès à présent, une personne compétente fût envoyée à Londres par le Gouvernement français pour fournir officieusement à l'administration britannique des éclaircissements sur un certain nombre de points concernant le tarif français.

J'ai saisi de cette communication M. le Ministre du commerce, dont je viens de recevoir la réponse : il en résulte que M. Tirard ne jugerait pas à propos de proroger de nouveau le traité actuel, en laissant se prolonger l'incertitude, dont se plaint, depuis longtemps, le commerce français, sur le régime économique de ses échanges avec l'étranger. Mais les travaux préparatoires du projet de traité avec la Grande-Bretagne ne tarderont pas à être terminés, et M. Tirard exprime la confiance que cet acte pourra être soumis à l'approbation parlementaire avant l'expiration du délai de six mois, qui doit courir du jour, encore incertain, de la promulgation du tarif général des douanes.

Pour entrer dans les vues du Gouvernement de Sa Majesté Britannique, l'administration française est, d'ailleurs, prête à lui fournir les explications qu'il désirerait recevoir avant l'ouverture de la négociation. Seulement, au lieu d'envoyer à Londres un délégué français, il paraîtrait préférable que le Gouvernement britannique voulût bien charger un de ses agents de se mettre en rapports avec l'administration française pour l'étude préliminaire des questions à résoudre : c'est à Paris, en effet, qu'il serait le plus aisé de se procurer les documents et les informations dont l'administration anglaise pourrait avoir besoin. En vous soumettant cette proposition, je me plais, Monsieur l'Ambassadeur, à vous donner l'assurance que le délégué du Gouvernement de la Reine trouverait ici toutes les facilités nécessaires à l'accomplissement de sa mission.

Veuillez agréer, etc.

BARTHÉLEMY-SAINT HILAIRE.

N° 14.

Lord LYONS, Ambassadeur d'Angleterre,

à M. BARTHÉLEMY-SAINT HILAIRE, Ministre des Affaires étrangères.

(TRADUCTION.)

Paris, 11 avril 1881.

Monsieur le Ministre, dans le *pro memoriâ* que j'ai eu l'honneur de remettre à Votre Excellence le 15 du mois dernier, on émettait, au nom du Gouvernement de Sa Majesté, l'opinion qu'il serait désirable, afin d'éviter tout retard, qu'une personne compétente fût envoyée par le Gouvernement français à

Londres, pour fournir des explications sur divers points avant l'ouverture des négociations officielles en vue de la conclusion d'un nouveau traité de commerce entre la Grande-Bretagne et la France.

Dans la note que Votre Excellence m'a fait l'honneur de m'adresser le 30 du mois dernier, Elle m'informait qu'il semblait préférable au Gouvernement français qu'un fonctionnaire anglais vînt à Paris recevoir les explications en question.

En conséquence, le Gouvernement de Sa Majesté a décidé d'envoyer dans ce but à Paris M. Charles Malcolm Kennedy, du Foreign-Office.

On attend l'arrivée très prochaine ici de M. Kennedy; je serai très obligé à Votre Excellence de vouloir bien désigner les autorités avec lesquelles il devra se mettre en rapport et prescrire les dispositions convenables pour éviter toute perte de temps dans une affaire qui est devenue, je n'ai pas besoin de le dire, extrêmement urgente.

J'ai l'honneur, etc. LYONS.

N° 15.

M. BARTHÉLEMY-SAINT HILAIRE, Ministre des Affaires étrangères, à Lord LYONS, Ambassadeur d'Angleterre.

Paris, 15 avril 1881.

Monsieur l'Ambassadeur, en m'informant, le 11 de ce mois, de la prochaine arrivée à Paris de M. Charles Malcolm Kennedy, Votre Excellence m'a fait l'honneur de m'exprimer le désir de savoir quels seraient les fonctionnaires français chargés d'entrer en rapport avec le Délégué du Gouvernement britannique, pour élucider, avant l'ouverture des négociations officielles, diverses questions se rattachant au traité de commerce projeté entre la France et la Grande-Bretagne.

Je m'empresse de donner avis à Votre Excellence que j'ai désigné, pour prendre part à ces travaux préliminaires, M. Mariani, directeur des affaires commerciales au Ministère des Affaires étrangères, et que, de son côté, M. Tirard a fait choix de M. Marie, directeur du commerce extérieur au Ministère de l'Agriculture et du Commerce.

Ces Messieurs se mettront en relations avec M. Kennedy, dès son arrivée à Paris.

Veuillez agréer, etc.

BARTHÉLEMY-SAINT HILAIRE.

N° 16.

M. Barthélemy-Saint Hilaire, Ministre des Affaires étrangères,

à M. Challemel-Lacour, Ambassadeur de la République française à Londres.

Paris, 30 avril 1881.

Monsieur, le régime conventionnel sous lequel sont actuellement placées nos relations commerciales avec le Gouvernement britannique est déterminé par la déclaration signée à Paris, le 10 octobre 1879.

Aux termes de cet acte, les traités et conventions de commerce et de navigation maintenus jusqu'à présent en vigueur par les deux Pays doivent prendre fin six mois après la promulgation du nouveau tarif général des douanes de France. Or, vous savez que ce tarif général vient d'être voté par les deux Chambres du Parlement; la promulgation en aura lieu le 8 du mois prochain.

Je vous prie donc, Monsieur, de vouloir bien, à cette même date du 8 mai, notifier au Gouvernement auprès duquel vous êtes accrédité la promulgation du tarif général, en vous référant à la déclaration précitée du 10 octobre 1879.

Je vous serai, d'ailleurs, obligé de me communiquer, dès qu'il vous sera possible, la réponse que vous aurez reçue du Cabinet de Saint-James.

Agréez, etc.

Barthélemy-Saint Hilaire.

N° 17.

M. Challemel-Lacour, Ambassadeur de la République française à Londres,

à M. Barthélemy-Saint Hilaire, Ministre des Affaires étrangères.

Londres, 12 mai 1881.

Monsieur le Ministre, en réponse à la notification que je lui ai adressée, le dimanche 8 courant, de la promulgation au *Journal officiel* du nouveau tarif général voté par les deux Chambres, le Principal Secrétaire d'État m'a fait parvenir, hier soir, une lettre dont j'ai l'honneur de vous envoyer ci-joint la traduction, en vous priant de vouloir bien en faire transmettre le plus tôt possible une copie à M. le Ministre du Commerce.

Comme vous le verrez, Monsieur le Ministre, cette lettre n'est pas un simple accusé de réception. Lord Granville y exprime la pensée que, le Gouvernement français ayant dénoncé les traités actuellement en vigueur et manifesté l'intention d'introduire des changements dans les stipulations de 1860, c'est à nous maintenant qu'il appartient de proposer les bases de négociation pour la conclusion d'un nouveau traité. Il ne manque pas de rappeler, à cette occasion, les quatre bases dont la discussion, commencée l'année dernière à Londres, dès l'arrivée de M. Léon Say, aboutit à une formule restée à l'état de projet, car elle n'a jamais reçu, si je ne me trompe, la ratification formelle du Gouvernement. Cependant, le Principal Secrétaire d'État semble, en rappelant cette formule, la considérer comme une sorte d'engagement et il y rattache une mesure annoncée, il y a un an, au Parlement par M. Gladstone, concernant les droits sur une certaine classe de vins faibles et sur les vins en bouteilles, mesure qui fut, d'ailleurs, retirée plus tard et à laquelle il nous aurait été sans doute impossible de donner notre assentiment.

Après avoir ensuite remarqué que le public en Angleterre serait désappointé si les propositions du Gouvernement français étaient moins libérales que les dispositions de l'ancien traité, Lord Granville énumère les conditions qui seraient, selon lui, de nature à faciliter la solution des questions à traiter. C'est la partie de sa lettre sur laquelle je me permets d'appeler plus spécialement votre attention, parce qu'elle laisse pressentir les points qui semblent devoir donner matière aux discussions les plus délicates.

Le Principal Secrétaire d'État termine en déclarant que le Gouvernement de Sa Majesté est prêt à entamer les négociations commerciales, en exprimant l'opinion qu'il y aurait intérêt et même nécessité à ce qu'elles fussent commencées dans le plus bref délai possible et en disant qu'il sera heureux de savoir si le Gouvernement français se propose de continuer ces négociations à Londres, où elles ont été commencées l'année dernière, ou s'il préfère les reprendre à Paris. Il ne m'a pas été difficile, dans un entretien que j'ai eu hier avec Lord Granville et dans lequel nous avons touché ce dernier point, de reconnaître qu'il avait là-dessus une préférence assez marquée. Peut-être jugerez-vous qu'à notre point de vue il y aurait avantage à choisir pour lieu des négociations la ville où nos négociateurs seraient le plus à même d'apprécier jour par jour ce qu'il y a de sérieux et ce qu'il peut y avoir de factice dans la résistance de l'opinion anglaise à nos propositions.

Agréez, etc.

CHALLEMEL-LACOUR.

ANNEXE.

M. le Comte GRANVILLE, Premier Secrétaire d'État de Sa Majesté Britannique pour les Affaires étrangères,

à M. CHALLEMEL-LACOUR, Ambassadeur de la République française à Londres.

(TRADUCTION.)

Foreign Office, 10 mai 1881.

Monsieur l'Ambassadeur, j'ai l'honneur d'accuser réception à Votre Excellence de sa note du 8 courant, m'informant que le nouveau tarif général français a été promulgué ledit jour, et que, conformément aux termes de la déclaration signée le 10 octobre 1879, les traités de commerce existant entre la Grande-Bretagne et la France expireront six mois après la date susdite de la promulgation du nouveau tarif général.

En réponse, je prends la liberté de faire remarquer à Votre Excellence que sa communication ne fait aucune allusion à des négociations pour la conclusion d'un nouveau traité de commerce entre les deux Pays. Comme Votre Excellence en est informée, le Gouvernement de Sa Majesté a fait les démarches nécessaires pour obtenir des éclaircissements sur certaines questions préliminaires à considérer dans leurs rapports avec des négociations commerciales. Mais le Gouvernement de Sa Majesté n'a encore reçu aucun exposé explicite ou défini des vues du Gouvernement français sur ces négociations. Il faut rappeler que le Gouvernement français a dénoncé les traités actuellement en vigueur, traités sous l'influence desquels les relations commerciales et amicales des deux Pays ont fait de grands progrès, à leur mutuel avantage; il faut rappeler, en outre, que le Gouvernement français a exprimé le désir de faire des changements dans les stipulations de ces traités.

Dans ces circonstances, le Gouvernement de Sa Majesté pense que c'est maintenant au Gouvernement français à lui proposer les bases des négociations pour la conclusion d'un nouveau traité de commerce, et plus spécialement à lui communiquer aussi promptement que possible le projet du nouveau tarif conventionnel qu'il propose.

Je crois bon de rappeler à Votre Excellence que les bases suivantes ont été proposées, l'année dernière, par M. Léon Say pour la négociation relative au renouvellement, avec modification, des traités de commerce actuellement existant entre les deux Pays:

I. Recherche d'une classe de vins payant, à l'entrée en Angleterre, un droit réduit;

II. Maintien sous le régime du tarif général à l'entrée en France des bestiaux et matières agricoles qui, par conséquent, ne devraient pas figurer dans le traité;

III. Recherche des moyens de faire disparaître les fraudes en douane;

IV. Amélioration du *statu quo* dans le sens du développement des relations commerciales.

Ces propositions furent reçues avec beaucoup de satisfaction dans ce pays. Elles y rencontrèrent un grand empressement; le Parlement prit, en effet, sur la recommandation du Chancelier de l'Échiquier, la mesure exceptionnelle de permettre un changement dans les droits sur les vins, sur l'importance duquel M. Léon Say avait fortement insisté, non pas seulement en sa qualité officielle, mais encore avec sa grande autorité dans les questions économiques.

J'ai l'honneur d'assurer à Votre Excellence que le Gouvernement de Sa Majesté éprouve le sincère désir de maintenir et d'accroître le commerce grandement développé qui existe entre le Royaume-Uni et la France, commerce qui s'est accru, grâce aux dispositions du traité de 1860, bien que les stipulations de ce dernier en ce qui touche le tarif n'aient pas été fort libérales et que ledit traité, dans son application, n'ait pas favorisé, autant qu'on était en droit de l'espérer, un grand nombre de branches du commerce. Le pays sera donc profondément désappointé, si les propositions du Gouvernement français offrent encore plus de désavantage au commerce des deux nations que les dispositions même du tarif actuellement en vigueur.

En conséquence, le Gouvernement de Sa Majesté aime à croire que les objections alléguées contre l'abolition totale des droits *ad valorem* recevront une entière considération et que, dans tous les cas, l'opinion qu'on entretient ici, à savoir que la France a bien l'intention de maintenir le *statu quo* en ce qui touche la proportion des droits, est bien fondée. Je ferai, en outre, observer que la conversion des droits *ad valorem* en droits spécifiques est en elle-même, en présence d'un tarif complexe comme celui de la France, désavantageuse au commerce anglais et que ce désavantage s'accroîtra encore par les changements apportés dans la classification des marchandises indiquées dans le nouveau tarif général.

Dans le présent état de choses, je me permettrai de faire observer que la solution amicale et prompte des questions qu'il y aura lieu de traiter lors des négociations prochaines sera beaucoup facilitée, si le Gouvernement français fait rédiger le premier texte du projet du nouveau tarif conventionnel en prenant pour base, autant que possible, le tarif actuel, de sorte que la classification des marchandises actuellement en vigueur soit maintenue, que l'on procède à la réinsertion des taux spécifiques des droits, que la majoration qui a été ajoutée à ces droits soit retranchée, que l'on évite les questions plus difficiles qui ont trait aux droits *ad valorem*, par exemple en ce qui touche les cotons et les tissus mélangés, en maintenant pour ces articles les droits en question, au moins comme échelle alternative, et que l'on convienne que toute transformation des droits *ad valorem* en droits spécifiques sera soumise à examen et arrêtée seulement après une discussion approfondie.

Je n'ai pas besoin d'assurer Votre Excellence que le Gouvernement de Sa Majesté est très désireux de coopérer avec le Gouvernement français pour arriver à maintenir sur une base satisfaisante les relations générales qui existent entre la Grande-Bretagne et la France, et pour accroître les échanges commerciaux entre les deux Pays.

En conclusion, j'ai l'honneur de vous prier, tout en portant à la connaissance du Gouvernement français les observations qui précèdent, de vouloir bien déclarer que le Gouvernement de Sa Majesté est prêt à entamer les négociations commerciales et qu'il sera heureux de savoir si le Gouvernement français consent à continuer ces négociations à Londres, où elles ont été commencées l'année dernière par M. Léon Say, ou s'il préfère les reprendre à Paris.

J'ai l'honneur, etc.

GRANVILLE.

N° 18.

M. le Comte Horace DE CHOISEUL, Sous-Secrétaire d'État au Département des Affaires étrangères,

à M. CHALLEMEL-LACOUR, Ambassadeur de la République française à Londres.

Paris, 14 mai 1881.

Monsieur, j'ai reçu, avec la lettre que vous m'avez fait l'honneur de m'écrire, le 12 de ce mois, la traduction de la réponse du Gouvernement britannique à la notification de la promulgation du tarif général des douanes de France.

Dans cette réponse, par laquelle le Cabinet de Londres se déclare prêt à entamer les négociations commerciales, Lord Granville témoigne le désir de recevoir un exposé précis des vues du Gouvernement français, notamment sous la forme d'un projet de tarif conventionnel. Il indique, en même temps, sur quelles bases il lui paraîtrait utile que ce projet fût rédigé pour faciliter la marche de la négociation, et les suggestions qu'il émet à cet égard laissent pressentir, comme vous le faites remarquer, les points qui semblent devoir donner matière aux discussions les plus délicates. Il demande, enfin, si, dans la pensée du Gouvernement français, les négociations devront être suivies à Londres ou à Paris.

Je me suis empressé, Monsieur, de porter cette communication, ainsi que la dépêche dont vous aviez bien voulu l'accompagner, à la connaissance de M. le Ministre du Commerce, et j'aurai l'honneur de vous informer, dès qu'il me sera possible, du résultat de cette entente.

Sans attendre ce moment, je vous prierai, Monsieur, de saisir la plus prochaine occasion pour déclarer à Lord Granville que le Gouvernement de la République n'attache pas moins de prix que le Gouvernement anglais à la prompte conclusion d'un traité qui donne satisfaction aux intérêts commerciaux des deux Pays. Après les nombreuses communications que nous avons échangées à ce sujet avec le Cabinet de Londres, une assurance de cette nature pourrait paraître superflue; mais elle semble devoir répondre à une préoccupation qui s'est produite dans le Parlement, dans la séance du 9 mai, et dont on retrouve la trace dans la lettre du Principal Secrétaire d'État.

Si, dans mes instructions du 30 avril dernier, je ne vous ai pas prié de faire savoir au Gouvernement britannique que nous étions prêts à entrer en négociations, c'est que nous considérions cette déclaration comme déjà faite. Dans un memorandum remis à Lord Lyons, le 28 février dernier, et indiquant sommairement, à notre point de vue, les bases principales du traité à intervenir, memorandum dont j'ai eu l'honneur de vous donner connaissance, le 2 mars, le Gouvernement français déclarait, en effet, qu'il serait disposé à engager les négociations, « dès que le Sénat aurait terminé la discussion du tarif général, sans attendre le vote définitif, subordonné à une entente avec la Chambre des députés ». La négociation officielle ne s'est pas engagée, il est vrai, à l'époque que nous avions ainsi proposée ; mais ce retard provient de ce que le Cabinet de Londres a désiré recevoir, avant l'ouverture de la négociation, divers éclaircissements sur certaines dispositions du tarif général. Tel a été l'objet de la mission confiée à M. Kennedy, qui était encore à Paris, au commencement de ce mois.

D'un autre côté, la lettre de Lord Granville contient une allusion à la mesure que le Chancelier de l'Échiquier avait présentée au Parlement, le 10 juin 1880, dans son exposé financier, en ce qui concerne la tarification des vins. Ainsi que vous le rappelez, cette proposition a été retirée, et, quant à l'accueil qu'elle aurait rencontré de la part du Gouvernement français, je ne puis que me référer, Monsieur, aux considérations développées dans la lettre du Département, en date du 4 août 1880.

Agréez, etc.

Horace de Choiseul.

N° 19.

M. Challemel-Lacour, Ambassadeur de la République française à Londres,

à M. Barthélemy-Saint Hilaire, Ministre des Affaires étrangères.

Londres, 17 mai 1881.

Monsieur le Ministre, je suis allé voir Lord Granville hier, et je lui ai expliqué que, si, en lui notifiant, par ma note du 8 mai, la promulgation au *Journal officiel* du nouveau tarif général, je n'avais pas répété que le Gouvernement de la République était prêt à entrer en négociations avec le Cabinet de Londres, c'est que, dans un memorandum remis à Lord Lyons, le 28 février dernier, et dont j'ai rappelé les termes au Principal Secrétaire d'État, nous avions déjà fait savoir au Gouvernement de Sa Majesté que nous étions disposés à engager les négociations aussitôt que le Sénat aurait terminé la discussion du tarif général. Si la négociation officielle ne s'est pas engagée à l'époque que nous avions proposée, c'est que le Cabinet de Londres a désiré recevoir, avant l'ouverture des négociations, certains éclaircissements.

Lord Granville m'a dit qu'il se tenait pour entièrement satisfait par cette déclaration et qu'il ne restait plus, par conséquent, qu'à déterminer la ville où auraient lieu les négociations, et à en fixer la date. Il ne m'a pas caché qu'il serait agréable au Gouvernement de Sa Majesté qu'elles eussent lieu à Londres. Mais Lord Granville s'est empressé d'ajouter que le Gouvernement de Sa Majesté préférait nous laisser la liberté du choix, et qu'il accepterait sans objection la ville que vous auriez choisie, persuadé que vous ne seriez déterminé que par le désir d'arriver à un résultat plus prompt et plus avantageux pour tout le monde. Quant à la date de l'ouverture des négociations, il lui paraît nécessaire qu'elle soit aussi rapprochée que possible. Nous n'avons, ce me semble, aucun intérêt à la retarder.

Veuillez agréer, etc.

CHALLEMEL-LACOUR.

N° 20.

NOTE VERBALE

remise par M. BARTHÉLEMY-SAINT HILAIRE, Ministre des Affaires étrangères,

à Lord LYONS, Ambassadeur d'Angleterre.

18 mai 1881.

Le Ministre des Affaires étrangères a l'honneur d'informer Son Excellence Lord Lyons que l'Ambassadeur de la République à Londres reçoit, aujourd'hui même, les instructions nécessaires pour l'ouverture de la négociation officielle du traité de commerce à conclure entre la France et la Grande-Bretagne.

Un projet de tarif conventionnel, qui a été préparé par le Ministre du Commerce et qui doit être remis à Lord Granville par M. Challemel-Lacour, servira de base aux délibérations des Plénipotentiaires.

Le Gouvernement de la République, désirant donner satisfaction au désir témoigné par le Gouvernement de Sa Majesté Britannique, acquiesce à la proposition de suivre, à Londres, cette négociation, et il prend les dispositions nécessaires pour que les conférences puissent s'ouvrir dans le plus bref délai.

N° 21.

M. Challemel-Lacour, Ambassadeur de la République française à Londres,

à M. Barthélemy-Saint Hilaire, Ministre des Affaires étrangères

(Dépêche télégraphique.)

Londres, 10 juin 1881

M. Monk, vice-président de l'Association des Chambres de commerce, a proposé hier, à la Chambre des communes, de se prononcer par une résolution contre le caractère réactionnaire du nouveau tarif général voté par les Chambres françaises et contre la conclusion de tout traité qui ne tendrait pas au développement des relations commerciales par de forts abaissements de droits. Il a invité, en outre, le Gouvernement à demander à la France le maintien, pour six mois, du traité actuellement en vigueur.

Sir Charles Dilke a répondu que, sans désapprouver la résolution proposée, le Gouvernement ne pouvait pas la souhaiter. Il a fait entendre que les négociations commencées n'excluent pas tout espoir d'un bon résultat et que le Gouvernement avait déjà demandé la prorogation du traité actuel, mais sans succès.

Après une discussion où la plupart des orateurs se sont prononcés dans le même sens que M. Monk, la Chambre a voté, par 77 voix contre 49, la résolution suivante, bien qu'elle fût combattue par le Gouvernement et que M. Monk eût demandé la permission de la retirer :

« La Chambre envisage avec regret le caractère réactionnaire du nouveau « tarif général français et est d'avis qu'un traité de commerce avec la France « ne saurait être satisfaisant qu'à la condition de tendre au développement des « relations commerciales entre les deux Pays par une nouvelle réduction des « droits. »

Challemel-Lacour.

N° 22.

M. Challemel-Lacour, Ambassadeur de la République française à Londres,

à M. Barthélemy-Saint Hilaire, Ministre des Affaires étrangères.

Londres, 5 juillet 1881.

Monsieur le Ministre, une conversation s'est engagée hier, à la Chambre des communes, entre lord Sandon, M. Chamberlain et sir Charles Dilke, au sujet de la traduction en anglais de notre nouveau tarif. M. Chamberlain a dit qu'il voyait des inconvénients à publier cette traduction, qu'il s'était offert volontiers à en donner connaissance aux Chambres de commerce et aux négociants directement intéressés dans la question, mais qu'il n'avait pas encore reçu leurs réponses en assez grand nombre pour prendre un parti. Lord Sandon ayant alors déclaré qu'il appellerait l'attention de la Chambre sur le refus persistant du Gouvernement de fournir au pays aucun document relatif aux négociations qui viennent d'avoir lieu entre la France et l'Angleterre, sir Charles Dilke a fait observer que le tarif qui avait servi de base à ces négociations n'était pas le tarif général, mais un document qui restait, quant à présent, confidentiel.

Veuillez agréer, etc.

CHALLEMEL-LACOUR.

N° 23.

M. CHALLEMEL-LACOUR, Ambassadeur de la République française à Londres,

à M. BARTHÉLEMY-SAINT HILAIRE, Ministre des Affaires étrangères.

Londres, 5 juillet 1881.

Monsieur le Ministre, ainsi qu'il l'avait annoncé hier, lord Sandon, qui était le prédécesseur de M. Chamberlain comme Président du *Board of Trade*, a appelé de nouveau, dans la séance d'aujourd'hui, l'attention de la Chambre des communes sur l'état des négociations commerciales entre la France et l'Angleterre, et s'est plaint de ce que le Gouvernement anglais se refusait à fournir les informations qui lui étaient demandées à ce sujet. Il a déclaré que le texte en français de notre tarif ne pouvait être consulté par les associations ouvrières et les industriels, c'est-à-dire par ceux-là mêmes qui avaient le plus d'intérêt à le connaître et à se rendre un compte exact des changements qu'il s'agissait d'apporter au tarif préexistant. A cette occasion, lord Sandon a vivement critiqué ces changements : dans son opinion, la transformation en droits spécifiques des droits *ad valorem* et le mode de classification des articles auront pour résultat d'élever les droits sur les produits importés en France, et l'Angleterre ne doit pas consentir à signer un traité qui serait moins avantageux pour elle que le précédent.

M. Gladstone, en répondant à lord Sandon, n'a pas approuvé la chaleur que celui-ci avait apportée dans le débat; il a insisté sur les inconvénients qu'il y avait à soulever une discussion sur des négociations encore pendantes, et il n'a pas hésité à dire que le résultat d'une pareille discussion, dont l'écho ne pouvait manquer d'être entendu en France, serait d'augmenter sérieusement la difficulté des négociations. Aussi a-t-il déclaré que, pour clore un débat dont les conséquences pourraient être fâcheuses, le Gouvernement de la Reine renonçait à différer la publication qui lui était demandée, et ferait traduire en anglais le nouveau tarif français.

M. Monk ayant demandé si le Gouvernement pouvait communiquer à la Chambre des communes le « tarif à discuter, » c'est-à-dire les demandes présentées par les négociateurs français, sir Charles Dilke a répondu que les Commissaires anglais n'y auraient point vu d'inconvénient, mais qu'ils avaient déjà consulté, sur ce point, leurs collègues de France, et que ceux-ci avaient fait observer que, les négociations n'étant pas terminées, mais seulement suspendues, les protocoles de la Conférence, ainsi que le projet de tarif conventionnel, devaient rester confidentiels.

Veuillez agréer, etc.

CHALLEMEL LACOUR.

N° 24.

M. le Comte D'AUNAY, chargé d'affaires de France à Londres,

à M. BARTHÉLEMY-SAINT HILAIRE, Ministre des Affaires étrangères.

Londres, 15 juillet 1881.

Monsieur le Ministre, hier, à la Chambre des communes, le vicomte Sandon a demandé au Premier Ministre si le « tarif à discuter », qui sert de base aux négociations actuellement pendantes entre la France et l'Angleterre, pourrait être communiqué avant la fin de la session; si l'on en donnerait connaissance aux *Trade-Unions*, ainsi qu'on l'avait fait à l'égard des chambres de commerce; enfin, s'il serait possible de savoir pour combien de temps le traité serait conclu, et comment il pourrait être dénoncé.

M. Gladstone a répondu que le « tarif à discuter » était un document confidentiel dont le Gouvernement de Sa Majesté ne saurait disposer sans l'agrément de la France. » C'est là, a-t-il dit, « une première difficulté qui s'oppose « à sa publication; mais il en est une autre encore plus grave : le « tarif à dis-

« culer » est simplement une base de négociations, qui peut être modifiée et « qui a déjà subi des changements importants. Je craindrais, « a-t-il ajouté » « qu'en le communiquant, on ne trompât l'opinion publique qui pourrait y voir « autre chose que ce qu'il renferme en réalité.

« On n'en a pas donné officiellement connaissance aux Chambres de com- « merce ; mais les représentants de diverses industries ont reçu des Commis- « saires royaux les communications nécessaires pour leur permettre de donner « leur avis sur les points soumis à la discussion ; nos négociateurs ne veulent « prendre aucune décision sans avoir consulté les intéressés.

« Les négociations ne sont pas assez avancées pour qu'on puisse déterminer « le nombre précis d'années que devra durer le traité. »

M. Gladstone pense que les deux Parties contractantes devraient avoir la faculté de dénoncer le traité un an d'avance, mais cela seulement après l'expiration de la période pour laquelle il aurait été conclu : sinon, suivant lui, on s'exposerait à faire naître des discussions et des difficultés de toutes sortes.

Veuillez agréer, etc.

D'Aunay.

N° 25.

M. le Comte d'Aunay, Chargé d'affaires de France à Londres,

à M. Barthélemy-Saint Hilaire, Ministre des Affaires étrangères.

Londres, 20 juillet 1881.

Monsieur le Ministre, M. Jackson a demandé à sir Charles Dilke, hier, à la Chambre des communes, premièrement, s'il était vrai que les négociations entamées avec la France pour la conclusion du traité de commerce eussent été poursuivies et que le Gouvernement anglais eût admis sans contestation le principe des droits spécifiques; et deuxièmement, s'il lui serait possible, pour faire cesser l'anxiété qui règne en Angleterre, de déclarer que le Gouvernement de Sa Majesté refusera de conclure avec la France tout traité qui élèverait les droits existants.

Le Sous-Secrétaire d'État aux Affaires étrangères a répondu qu'aucun pourparler n'avait eu lieu depuis que les Commissaires français avaient quitté Londres; que, par conséquent, les deux Gouvernements n'avaient pu modifier l'opinion émise respectivement par eux, dès le début des négociations, au sujet des droits spécifiques. « Mais il me serait impossible, a-t-il dit, de faire la

« déclaration que l'on me demande. Il pourrait être, en effet, du devoir du « Gouvernement de la Reine de consentir à signer un traité qui élèverait cer- « tains droits et en abaisserait d'autres, sur les articles les plus importants du « commerce anglais par exemple. »

Il a ajouté qu'en principe, le Cabinet n'avait élevé aucune objection contre les droits spécifiques, qui sont admis par la plupart des nations européennes; mais que, pour les cotons et les laines, le Gouvernement avait toujours été d'avis qu'il serait difficile, sinon impossible, d'établir des droits spécifiques représentant exactement les taxes à la valeur.

Veuillez agréer, etc.

D'AUNAY.

N° 26.

M. le Comte DE CHOISEUL, Sous-Secrétaire d'État au Département des Affaires étrangères,

à M. le Comte D'AUNAY, Chargé d'affaires de France à Londres.

Paris, 22 juillet 1881.

Monsieur, je vous prie de vouloir bien adresser à M. le Ministre des Affaires étrangères de Sa Majesté Britannique la communication suivante :

« Ainsi qu'il résulte du procès-verbal de la seizième séance des conférences qui ont eu lieu à Londres, en vue de la préparation d'un traité de commerce entre la France et l'Angleterre, la Commission a suspendu ses travaux le 30 juin dernier, pour laisser à ses membres la faculté d'en référer à leurs Gouvernements respectifs.

« Le Gouvernement de la République a examiné avec le plus grand soin, et avec un désir sincère de parvenir à une entente définitive, les observations que MM. les Commissaires britanniques ont présentées à MM. les Commissaires français. L'étude approfondie à laquelle ces observations ont été soumises devant être prochainement terminée, le Gouvernement de la République prie le Gouvernement de Sa Majesté de vouloir bien donner les instructions nécessaires pour que la Commission anglaise puisse reprendre, à Paris, les négociations relatives au traité de commerce, à l'époque convenue dans la seizième séance. Je suis chargé, en conséquence, de proposer à Votre Excellence de fixer au 1er août prochain la date de la nouvelle réunion. »

Recevez, etc.

HORACE DE CHOISEUL.

N° 27.

(DÉPÊCHE TÉLÉGRAPHIQUE.)

M. le Comte D'AUNAY, Chargé d'affaires de France à Londres,

à M. BARTHÉLEMY-SAINT HILAIRE, Ministre des Affaires étrangères.

Londres, 23 juillet 1881.

En l'absence de Lord Granville, je viens de remettre à Sir Charles Dilke la communication que vous m'avez chargé de faire, au sujet de la reprise des négociations relatives au traité de commerce.

Le Sous-Secrétaire d'État aux Affaires étrangères m'a répondu : « Il me « paraît impossible que le Gouvernement de la Reine envoie ses Commissaires « à Paris, avant que nous ayons réponse aux observations que nous vous avons « présentées dans la dernière réunion de la Commission. Nous pourrions peut-« être, à la rigueur, charger MM. Crowe et Kennedy de s'aboucher avec les « Commissaires français à Paris et de pressentir vos intentions. Mais, quant à « moi, j'attendrai que vous soyez disposés à faire, sur les cotons et les laines, « des concessions sans lesquelles il n'y a pas de traité possible. » Sir Charles Dilke a fait porter immédiatement la communication de Votre Excellence au Conseil des Ministres qui est réuni en ce moment et m'a promis de me transmettre sans retard la réponse que son Gouvernement croira devoir y faire.

D'AUNAY.

N° 28.

M. CHALLEMEL-LACOUR, Ambassadeur de la République française à Londres,

à M. BARTHÉLEMY-SAINT HILAIRE, Ministre des Affaires étrangères.

Londres, 25 juillet 1881.

Monsieur le Ministre, j'ai l'honneur d'envoyer ci-joint à Votre Excellence la copie de la dépêche que lord Granville a écrite, en réponse à la communication que M. d'Aunay a été chargé de transmettre, le 22 de ce mois, au Gouvernement anglais, pour l'inviter à reprendre à Paris la négociation du traité de commerce.

La dépêche du Principal Secrétaire d'État m'est parvenue à l'instant seulement.

Veuillez agréer, etc.

CHALLEMEL-LACOUR.

ANNEXE.

M. le Comte GRANVILLE, Principal Secrétaire d'État de Sa Majesté Britannique pour les Affaires étrangères,

à M. le Comte D'AUNAY, Chargé d'affaires de France à Londres.

(TRADUCTION.)

Foreign Office, 23 juillet 1880.

Monsieur le Comte,

J'ai l'honneur de vous accuser réception de votre note en date de ce jour, me faisant savoir que le Gouvernement français a presque terminé l'examen des propositions faites par les Commissaires britanniques au sujet d'un nouveau tarif conventionnel et invitant les Commissaires à se réunir à Paris, le 1er août prochain.

Le Gouvernement de Sa Majesté Britannique regrette de n'avoir pas trouvé dans l'invitation qui lui est aujourd'hui adressée l'indication qu'il s'attendait à recevoir du résultat de l'examen, de la part du Gouvernement français, des propositions des Commissaires britanniques.

Le Gouvernement de Sa Majesté Britannique ne désire nullement prendre des mesures quelconques qui pourraient tendre à retarder ou à entraver, en aucune manière, la conclusion d'un traité satisfaisant; mais, vu la divergence d'opinions dont l'existence est constatée par les procès-verbaux des Conférences, et les espérances et les discussions que ferait probablement naître une mesure telle que le transfert à Paris du siège des négociations, le Gouvernement de Sa Majesté Britannique pense que le succès de ces négociations serait plutôt mis en péril que favorisé par la nouvelle convocation des Commissaires, sans une entente générale et préalable sur la question de savoir jusqu'à quel point le Gouvernement de la République française pourrait répondre aux vues exprimées par les Représentants du Gouvernement britannique.

En conséquence, le Gouvernement de Sa Majesté Britannique espère que le Gouvernement français sera en mesure, dès qu'il aura terminé l'enquête suivie par lui, de donner au Gouvernement britannique l'assurance formelle que ses propositions ont été favorablement accueillies.

J'ai l'honneur, etc.

GRANVILLE.

N° 29.

M. le Comte Horace DE CHOISEUL, Sous-Secrétaire d'État au Département des Affaires étrangères,

à M. CHALLEMEL-LACOUR, Ambassadeur de la République française à Londres.

Paris, 26 juillet 1881.

Monsieur, ainsi que j'ai eu l'honneur de vous l'annoncer par mon télégramme de ce matin, je m'empresse de vous transmettre ci-joint copie de la note qui vient de m'être remise par M. le Ministre du Commerce, relativement aux demandes de réduction que les Commissaires anglais ont présentées, sous forme de relevé général, dans la dernière conférence de Londres.

En m'adressant ce document, M. Tirard ajoute que les dégrèvements qui s'y trouvent indiqués représentent l'extrême limite des concessions que nous puissions faire.

Je vous laisse, d'ailleurs, le soin d'apprécier sous quelle forme et dans quelle mesure la communication de cette note pourrait être faite au Gouvernement anglais suivant la demande exprimée par sir Charles Dilke, dans la seizième séance, au moment de l'ajournement des conférences.

Agréez, etc.

Horace DE CHOISEUL.

P.S. Je reçois, avec votre lettre en date d'hier, la réponse que lord Granville a faite, le 23 juillet, à M. le comte d'Aunay : nous nous plaisons à espérer que le Principal Secrétaire d'État trouvera, dans les renseignements dont vous aurez jugé opportun de lui donner communication, les éléments d'une entente définitive.

N° 30.

MEMORANDUM

remis par M. Challemel-Lacour, Ambassadeur de la République française à Londres,

à sir Charles Dilke, Sous-Secrétaire d'État de Sa Majesté Britannique pour les Affaires étrangères.

Londres, 27 juillet 1881.

(PERSONNEL ET CONFIDENTIEL.)

Lainages. — *Fils.* Les Commissaires anglais ont proposé :

1° De supprimer la distinction faite entre les fils cardés et les fils peignés;

2° De réduire les droits actuels de 25 p. 0/0 à la mise en vigueur du traité et de 25 p. 0/0 deux ans plus tard, en tout de 50 p. 0/0.

La première de ces demandes est en opposition avec la nature des choses. On a expliqué, dans les Conférences, que la fabrication des fils cardés était sensiblement plus coûteuse que celle des fils peignés de numéros correspondants et même de numéros supérieurs. De nouvelles informations ayant confirmé l'exactitude des renseignements fournis à cet égard par les Délégués français, il ne paraît pas possible, après le vote du Parlement, de renoncer à cette distinction. Il n'est pas possible, non plus, de diminuer de 50 p. 0/0 des droits qui, en moyenne, représentent à peine 9 à 10 p. 0/0 de la valeur. Mais on admettrait, sur toute la série des fils de laine, une réduction de 20 p. 0/0 applicable dès la mise en vigueur du traité. On consentirait également à ramener de 30 p. 0/0 à 20 p. 0/0 le supplément afférent au retordage. Cela constituerait, pour les fils retors, une diminution totale de plus de 30 p. 0/0, outre les 24 p. 0/0 retranchés du tarif général. Il est à noter que les industriels anglais ne fournissent guère à la France que des fils de cette sorte.

Tissus. Ne pouvant pas admettre le rétablissement des droits à la valeur, on pourrait adhérer, sur la quotité des taxes, aux modifications ci-après :

PURE LAINE.

			au lieu de
Moire		50f	60f
Tissus	de 400 grammes au plus	140	170
	de 401 à 550 grammes	123	150
	de plus de 550 grammes	106	130
Tapis	moquette bouclée	45	60
	moquette veloutée	55	80
	à la Jacquard	80	100
Couvertures		55	70

MÉLANGÉS.

Tissus	de 200 grammes au plus	140f	au lieu de 170f
	de 201 à 300 grammes	115	140
	de 301 à 400 grammes	90	110
	de 401 à 550 grammes	65	80
	de 551 à 700 grammes	50	60
	de plus de 700 grammes	33	40

Ces modifications, ajoutées à l'abandon des 24 p. 0/0, assureraient à la grande industrie anglaise des lainages une réduction de plus de 40 p. 0/0 sur les chiffres du tarif général.

Cotons.—*Fils.* Il ne paraît pas possible, pour les filés, d'accepter la proposition qui nous est faite de descendre de 10 p. 0/0 au-dessous des droits établis en 1860. Mais nous sommes disposés à renoncer au supplément de droits inscrit à notre nouveau tarif à l'égard des filés teints en rouge d'Andrinople, et à réduire de 30 p. 0/0 à 20 p. 0/0 la taxe complémentaire applicable au retordage. Le Gouvernement français ne refusera pas, d'ailleurs, de rectifier la tare légale des récipients employés au transport des fils de coton de toute sorte, si elle est reconnue inférieure à la réalité.

Tissus. Parmi les propositions anglaises, il en est plusieurs portant sur des spécialités que la Grande-Bretagne ne nous fournit pas, ou ne nous fournit qu'en quantités insignifiantes, relativement aux provenances d'autres pays. Tel est le cas pour les couvertures, les broderies, la rubanerie et la passementerie.

Toiles écrues. Comparés aux droits spécifiques du tarif conventionnel, ceux du nouveau tarif présentent certaines augmentations applicables aux tissus de 31 à 35 fils de 11 kilogrammes et plus, aux tissus de 35 fils ou moins de 7 à 11 kilogrammes, enfin aux divers tissus de 3 à 5 kilogrammes. On reconnaît que ces augmentations ne sont pas compensées par les diminutions afférentes aux étoffes de 5 à 7 kilogrammes. Nous sommes, pour ces produits, en face d'une concurrence fort pressante, venant, pour une forte part, de l'Allemagne et de la Suisse. Néanmoins, pour ne pas refuser aux Anglais toute satisfaction sur une de leurs industries les plus importantes, on réduirait tous les droits dont la quotité a été augmentée. Cette réduction serait de 10 p. 0/0 sur les tissus de 11 kilogrammes et plus, ou de 7 à 11 kilogrammes, et de 20 p. 0/0 sur ceux de 3 à 5 kilogrammes. Conformément aux indications des Commissaires britanniques, on laisserait en dehors du traité les tissus de moins de 3 kilogrammes aux 100 mètres carrés.

Tissus teints. Pour les tissus teints en pièces, on renoncerait à la disposition spéciale au rouge d'Andrinople, et, pour les tissus fabriqués avec des fils préalablement teints, le droit de l'écru serait augmenté seulement de 50 francs, au lieu de 60 francs.

Tissus imprimés. C'est l'un des principaux aliments des envois britanniques sur le marché français; les exportateurs trouveraient un premier allégement dans la réduction à laquelle nous consentons pour les tissus de 11 kilogrammes et plus. On renoncerait, en outre, à tout supplément pour les impressions faites sur tissus teints en rouge d'Andrinople, et au lieu d'appliquer, pour le travail de l'impression, des compléments de 3, 5 et 8 centimètres par mètre, selon le nombre de couleurs, on descendrait à 2, 4 et 7 centimes et demi.

Velours. Le tarif des velours ayant été calculé proportionnellement à celui des toiles de coton de poids correspondant, le droit des cords ou moleskins, comme celui des tissus de 11 kilogrammes et plus, de 31 à 35 fils, serait ramené de 80 à 72 francs. Le régime des velvets intéresse surtout l'Allemagne, qui en livre beaucoup plus que l'Angleterre.

Guipures pour ameublements. Si l'on peut rencontrer une définition exacte qui permette de les distinguer sûrement des autres, on en fera l'objet d'une classe distincte à droit réduit.

Couvertures. Le droit serait abaissé de 55 francs à 50 francs.

Tulles. Nous accepterions le droit unique de 400 francs, à la place des deux taxes de 400 francs et de 562 francs.

Métallurgie. Le nouveau tarif général a déjà diminué plusieurs des droits consacrés par le traité de 1860 : il a fait disparaître la surtaxe de 75 centimes par 100 kilogrammes appliquée aux fontes mazées; il a réduit de 9 francs à 6 francs le droit des rails d'acier, de 8 fr. 25 cent. à 8 francs celui des tôles découpées de plus d'un millimètre d'épaisseur, de 11 fr. 25 cent. à 9 francs et 9 fr. 90 cent. celui des tôles brunes. De plus, selon l'ouverture que les Commissaires français en ont faite, *ad referendum,* dans les conférences de Londres, on descendrait, pour les fontes de toute sorte, de 2 francs à 1 fr. 50 cent.; pour les fers en barre, de 6 francs à 5 francs. On examinera si certains des dérivés de la fonte et du fer, en dehors de ceux qui nous viennent généralement d'ailleurs que d'Angleterre, ne pourront pas subir une réduction correspondante.

N° 31.

M. Challemel-Lacour, Ambassadeur de la République française à Londres,

à M. Barthélemy-Saint Hilaire, Ministre des Affaires étrangères.

Londres, 28 juillet 1881.

Monsieur le Ministre, après avoir reçu la réponse du Gouvernement anglais à l'invitation que vous lui avez adressée de reprendre à Paris les négociations relatives au traité de commerce, j'ai saisi la première occasion de voir sir Charles Dilke et de lui faire observer que cette réponse était peu conforme à ce qui avait été implicitement, mais très clairement, convenu dans la dernière conférence. L'invitation que j'avais été chargé de formuler avait été, en effet, acceptée par tout le monde et, en particulier, par sir Charles Dilke lui-même, avec une sorte d'empressement. La question de la date avait été immédiatement posée, et j'avais indiqué les derniers jours du mois de juillet. Sir Rivers Wilson avait, il est vrai, exprimé l'idée qu'il pourrait être utile à la marche des négociations de connaître d'avance les réponses que le Gouvernement français serait disposé à faire aux demandes anglaises. Mais il n'était entré dans la pensée de personne de considérer cette communication « confidentielle et verbale » comme une condition de la reprise des négociations. Sir Charles Dilke n'a pas hésité à reconnaître la parfaite exactitude de cette observation. Il n'a pas cru toutefois qu'il lui fût possible, quant à lui, de se rendre à Paris avant de savoir à quoi s'en tenir sur les dispositions du Gouvernement français. C'est pourquoi, en transmettant, en l'absence de lord Granville, notre invitation au Cabinet, il avait proposé : soit d'envoyer à Paris, pour y continuer les pourparlers, MM. Crowe et Kennedy; soit d'attendre que le Gouvernement se fût expliqué sur l'ensemble des demandes anglaises. M. Gladstone avait cru bon de prendre le second parti. Sir Charles Dilke m'a renouvelé, à cette occasion, ses protestations habituelles du désir qu'il aurait de voir conclure un traité, mais en ajoutant, comme toujours, qu'il le souhaitait plus qu'il ne l'espérait, et qu'il le regardait comme à peu près impossible.

Puisque c'était M. Gladstone qui avait suggéré la réponse qui nous a été faite, j'ai pensé qu'il était bon de le voir. Dans l'entretien prolongé que j'ai eu ce matin avec lui, il m'a dit que l'Angleterre avait été froissée du succès inattendu des protectionnistes en France et de l'esprit dont témoignait le nouveau tarif. L'opinion vraie de l'Angleterre serait, selon lui, beaucoup plus opposée que favorable à la conclusion d'un nouveau traité, si ce traité devait être moins libéral que celui de 1860. Quant à la reprise des négociations à

Paris, ce changement de lieu constituait, m'a-t-il dit, une démarche *nouvelle et considérable,* qui ne manquerait pas de provoquer des interpellations à la Chambre des communes, dont il faudrait rendre raison et qu'on ne pourrait justifier que si l'on avait et si l'on était en mesure de donner au pays l'assurance d'aboutir à un résultat favorable. J'ai fait observer à M. Gladstone qu'au moment d'entrer en négociations, il nous avait suffi de comprendre que le Gouvernement anglais désirait qu'elles s'ouvrissent à Londres pour nous prêter à ses convenances, et j'ai ajouté que, si l'on était disposé à reprendre ces négociations, je ne pouvais m'expliquer en quoi le choix de Paris pouvait soulever une objection; il n'en avait du moins rencontré aucune de la part des Commissaires anglais, lorsqu'il avait été proposé par moi dans notre dernière conférence. Quant à la certitude de réussir, j'ignorais s'il y avait un moyen de la procurer avant de négocier; mais ce que je pouvais dire, c'est que le Gouvernement français était disposé à tenir grand compte des demandes anglaises et à y donner satisfaction dans la mesure du possible.

En résumé, à l'heure qu'il est, l'acceptation du Gouvernement anglais est douteuse. Dans tous les cas, il ne faut plus compter sur la réunion des Commissaires à Paris pour le 1er août.

Veuillez agréer, etc.

CHALLEMEL-LACOUR.

N° 32.

M. CHALLEMEL-LACOUR, Ambassadeur de la République française à Londres,

à M. BARTHÉLEMY-SAINT HILAIRE, Ministre des Affaires étrangères.

Londres, 30 juillet 1881.

Monsieur le Ministre, j'ai remis au Sous-Secrétaire d'État des Affaires étrangères, à titre personnel et confidentiel, un exposé sommaire, mais précis, des concessions auxquelles le Gouvernement français se déciderait à consentir.

D'après le désir qui nous avait été exprimé par les Commissaires anglais dans la dernière conférence et aux termes de la promesse que nous avions faite d'y donner satisfaction, il nous suffisait d'indiquer les dispositions dans lesquelles le Gouvernement français était prêt à reprendre les négociations, et c'est ce que j'ai fait. Le Cabinet de Londres n'a pas été insensible à cette communication, et je sais, sans en être encore informé officiellement, que, loin de persister dans son refus de se rendre à l'invitation que nous lui avons adressée, il reconnaît aujourd'hui qu'il n'est pas impossible de s'entendre et consent à reprendre, non pas immédiatement, mais dans un délai assez prochain et qu'il nous laisse le soin d'indiquer, les négociations à Paris. Il lui paraîtrait seulement qu'il serait peut-être indispensable qu'en reprenant des négociations qui peuvent se prolonger, il reçût, afin de pouvoir donner satisfaction au commerce anglais, l'assurance qu'il sera admis à profiter du bénéfice de la loi de prorogation. C'est ce que vient de me faire savoir sir Charles Dilke; il m'a annoncé en même temps que lord Granville était chargé de m'adresser, soit aujourd'hui, soit lundi prochain, une lettre dans ce sens.

J'ai cru comprendre que, sans vouloir nous proposer une date pour la reprise des conférences, le Gouvernement anglais ne pensait pas qu'elle pût avoir lieu avant la fin de la session; il m'a semblé également que sir Charles Dilke ne désirait pas être obligé de se rendre à Paris avant cette date, c'est-à-dire avant le 22 courant. Comme il est évidemment à désirer, pour plusieurs raisons, que les négociations recommencent dans le plus bref délai possible, j'ai cru pouvoir proposer le 22 août. Sir Charles Dilke m'a demandé si, les élections ayant lieu le 21, cette circonstance n'était pas de nature à provoquer, de votre part, quelque difficulté sur cette date. Je n'ai pas hésité à lui répondre que je ne le pensais pas et qu'au contraire, la difficulté de reprendre les négociations serait d'autant plus grande que la date en serait plus reculée et qu'on se trouverait plus près de l'époque de la réunion de la nouvelle Chambre. Quant à la prorogation, je lui ai dit qu'il me serait difficile de donner, avant d'y être autorisé, l'assurance qui m'était demandée. Mais j'ai ajouté que, si le Gouvernement anglais était effectivement convaincu, comme il voulait bien me le dire, qu'en raison des importantes concessions consenties par le Gouvernement français, il y avait désormais chance de s'entendre, et si les négociations reprises à Paris sous cette impression ne tardaient pas à la confirmer, nous nous trouverions dans les conditions prévues par la loi de prorogation, et vous ne feriez aucune difficulté d'en assurer le bénéfice au Gouvernement anglais.

Veuillez agréer, etc.

CHALLEMEL-LACOUR.

P. S. Je reçois à l'instant la lettre de lord Granville. Elle implique, comme je vous le disais, le consentement du Cabinet à la reprise des négociations, sans indiquer aucune date; elle formule l'objection tirée des élections et demande si, ces négociations devant prendre un certain temps, il ne vous paraîtrait pas convenable de prolonger, dès aujourd'hui, par une déclaration formelle, pour une période de trois mois, les traités existants.

ANNEXE.

M. le Comte Granville, Principal Secrétaire d'État de Sa Majesté Britannique pour les Affaires étrangères,

à M. Challemel-Lacour, Ambassadeur de la République française à Londres.

(Traduction.)

Foreign Office, 30 juillet 1881.

Monsieur l'Ambassadeur,

Le Gouvernement de Sa Majesté Britannique a examiné la communication personnelle et confidentielle de Votre Excellence, contenant les détails des réductions que le Gouvernement de la République française est disposé à proposer sur les taux des droits présentés dans le projet de tarif conventionnel, en ce qui concerne les métaux et les fils et tissus de laine et de coton.

Les chiffres proposés paraissent démontrer le désir du Gouvernement français d'arriver à une entente, et, par conséquent, justifient la continuation par le Gouvernement de Sa Majesté Britannique des négociations actuelles. Mais les concessions déjà offertes, et les concessions analogues qu'on peut prévoir sur d'autres articles, ne paraissent aucunement de nature à rendre probable la prompte conclusion d'un traité.

En conséquence, j'ai l'honneur de soumettre à la considération de Votre Excellence la question de savoir s'il serait dans les vues du Gouvernement de la République française de poursuivre les négociations à une époque où, en raison des élections, il y aura probablement un mouvement politique considérable, ou bien s'il ne serait pas préférable de proroger par déclaration les traités en vigueur pendant un nouveau délai de trois mois et de fixer une date plus convenable pour la reprise des négociations.

J'ai l'honneur, etc.

Pour Lord Grandville,

Charles W. Dilke.

N° 33.

M. Barthélemy-Saint Hilaire, Ministre des Affaires étrangères,

à M. Challemel-Lacour, Ambassadeur de la République française à Londres.

(Dépêche télégraphique.)

Paris, 31 juillet 1881.

Je ne puis, en ce qui me concerne, qu'approuver votre réponse aux ouvertures officieuses que sir Charles Dilke vous a faites, au sujet de la reprise de nos négociations commerciales. Je ne verrais pas, en effet, d'inconvénient, à défaut d'une date plus rapprochée, à accepter celle du 22 août. Ainsi que vous l'avez fait remarquer, le Gouvernement de la République ne ferait pas difficulté d'assurer au Gouvernement anglais le bénéfice de la loi de prorogation sous la réserve : 1° que le Cabinet de Londres reconnaîtrait que, en raison des importantes concessions consenties par nous, il y a des chances sérieuses de s'entendre; 2° que les négociations reprises à Paris ne tarderaient pas à confirmer cette impression.

Quant à la lettre de lord Granville, les termes ne m'en semblent pas concorder exactement avec les ouvertures de sir Charles Dilke. Il me paraît que les propositions qui s'y trouvent contenues s'écartent trop des conditions exigées par la loi de prorogation, pour qu'il me soit possible d'y répondre, en l'absence de M. Tirard, dont je me réserve de prendre l'avis, demain, à son retour.

BARTHÉLEMY-SAINT HILAIRE.

N° 34.

M. BARTHÉLEMY-SAINT HILAIRE, Ministre des Affaires étrangères,

à M. CHALLEMEL-LACOUR, Ambassadeur de la République française, à Londres.

(DÉPÊCHE TÉLÉGRAPHIQUE.)

Paris, 1er août 1880.

Monsieur, d'après la réponse que j'ai reçue de M. Tirard, je m'empresse de vous faire savoir que nous ne pouvons accepter la proposition de lord Granville qui consisterait à proroger pour trois mois les traités existants et à fixer en même temps la date de la reprise des négociations. La loi autorisant le Gouvernement français à proroger les traités de commerce n'a été votée que sous la condition expresse de l'appliquer seulement, en cas de nécessité, aux États qui auraient déjà signé avec la France de nouvelles conventions ou qui seraient engagés avec nous dans des négociations dont la solution favorable ne serait pas douteuse. Nous ne nous trouvons pas, envers l'Angleterre, dans la situation prévue par la loi de prorogation, qu'il nous est impossible de modifier : il importe que le Gouvernement anglais s'en rende exactement compte, car la lettre de lord Granville laisse entrevoir la pensée de recourir à des moyens dilatoires auxquels le Gouvernement français ne saurait se prêter.

Nous sommes donc obligés de maintenir les réserves que vous aviez vous-même indiquées à sir Charles Dilke et dont j'ai approuvé les termes par mon télégramme en date d'hier.

Agréez, etc.

BARTHÉLEMY-SAINT HILAIRE.

N° 35.

M. CHALLEMEL-LACOUR, Ambassadeur de la République française à Londres.

à M. BARTHÉLEMY-SAINT HILAIRE, Ministre des Affaires étrangères.

Londres, 3 août 1881.

Monsieur le Ministre, j'ai l'honneur de vous envoyer ci-joint copie de la lettre que j'ai adressée, le 1er août, à lord Granville, en réponse à la lettre qu'il m'avait écrite le 30 juillet. Je vous envoie aujourd'hui sa réponse, dont mon télégramme d'hier vous a fait connaître la substance et la conclusion. Cette réponse a été décidée hier en Conseil du Cabinet, à la suite d'une longue discussion, et la rédaction en a été confiée à un comité désigné tout exprès.

Il y est déclaré que, malgré les abaissements indiqués dans la note que j'ai remise à sir Charles Dilke, les droits relatifs aux cotonnades et aux lainages sont encore fort supérieurs aux droits actuels et tels que la conclusion d'un traité demeure extrêmement douteuse.

Le Gouvernement anglais demande que vous déclariez que ces droits pourront être de nouveau revisés, sans s'expliquer d'ailleurs sur les réductions dont il se contenterait. Il estime que, dans le cas où vous consentiriez à faire cette déclaration, vous pourriez en même temps accorder la prorogation de trois mois qu'il réclame. Cela semble signifier que cette déclaration de la possibilité d'une revision nouvelle, quelque généraux qu'en fussent les termes, assurerait, dans sa pensée, la conclusion du traité.

Je vous prie de me faire savoir, sans aucun retard, l'accueil que, d'accord avec M. le Ministre du Commerce, vous aurez jugé bon de faire à cette nouvelle demande.

Veuillez agréer, etc.

CHALLEMEL-LACOUR.

1re ANNEXE.

M. Challemel-Lacour, Ambassadeur de la République française à Londres,

à M. le comte Granville, Secrétaire d'État de Sa Majesté Britannique pour les Affaires étrangères.

Londres, 1er août 1881.

Mon cher lord Granville,

Vous avez bien voulu me faire savoir, par votre lettre du 30 juillet, qu'après avoir examiné la note confidentielle que j'ai remise le 29 à sir Charles Dilke, le Gouvernement de Sa Majesté, appréciant la valeur des abaissements de droits sur divers produits importants qui s'y trouvent indiqués, était disposé à continuer les négociations commerciales commencées à Londres.

Vous me faites observer qu'il ne peut manquer de s'écouler un certain temps avant d'arriver à la conclusion d'un traité, et vous me demandez s'il conviendrait au Gouvernement de la République de reprendre les négociations au moment où les élections générales vont absorber, pendant quelques semaines, l'activité politique du pays. Je ne vois, et mon Gouvernement ne verra, j'en suis sûr, aucun obstacle à ce que les négociations soient reprises le plus tôt possible. La période électorale sera close le 21 de ce mois. Le Parlement anglais aura, paraît-il, atteint, vers le même temps, le terme de ses travaux. Mon Gouvernement pense que les négociations pourraient être reprises utilement à Paris à cette époque, et je vous proposerai le lundi 22 août. Sir Charles Dilke a bien voulu m'indiquer lui-même cette date, comme lui paraissant la plus convenable à divers égards.

Quant à la prorogation des traités existants pour une période de trois mois, je reconnais bien volontiers qu'il y aurait avantage à donner le plus tôt possible au commerce cette sécurité; mais Votre Seigneurie n'ignore pas que le Gouvernement français n'est pas libre à cet égard. Il résulte, en effet, de l'exposé des motifs de la loi votée par les Chambres, ainsi que des déclarations qui ont été faites à la tribune dans les deux Chambres, lors de la discussion de cette loi, que la prorogation ne saurait s'appliquer qu'aux Puissances avec lesquelles nous serons parvenus à signer de nouveaux traités, ou avec lesquelles nous serons engagés dans des négociations dont la solution favorable ne paraîtrait pas douteuse. Du moment où les négociations auront été reprises et où l'espérance d'arriver à s'entendre, exprimée dans la lettre de Votre Seigneurie, aurait reçu des premières séances de la Commission une confirmation sérieuse, le Gouvernement de la République ne se refuserait certainement pas à la déclaration qui lui est demandée. Il y a là, si je ne me trompe, un argument de grand poids pour hâter, dans l'intérêt du commerce des deux Pays, la reprise des négociations.

Je vous prie, etc.

Challemel-Lacour.

2e ANNEXE.

M. le comte GRANVILLE, Principal Secrétaire d'État de Sa Majesté Britannique pour les Affaires étrangères,

à M. CHALLEMEL-LACOUR, Ambassadeur de la République française à Londres.

(TRADUCTION.)

Foreign Office, 2 août 1881.

Cher Monsieur Challemel-Lacour,

J'ai l'honneur d'accuser réception de la note de Votre Excellence en date d'hier, contenant de nouvelles explications au sujet de la reprise proposée des négociations commerciales à Paris.

Votre Excellence constate que le Gouvernement de Sa Majesté Britannique apprécie toute la valeur de la diminution des droits indiquée dans le document que vous avez communiqué à sir Charles Dilke, le 29 du mois dernier.

Je me permettrai toutefois de faire remarquer à Votre Excellence que si, d'un côté, en ce qui concerne les fers et les aciers, le document en question démontre la possibilité de réaliser un arrangement satisfaisant, d'un autre côté, en ce qui concerne les cotons et les laines, les taux des droits proposés sont considérablement plus élevés que les droits actuels et de nature à rendre fort douteuse la conclusion d'un traité.

Si Votre Excellence se trouvait en mesure d'affirmer que ces propositions ne doivent pas être considérées comme définitives et qu'elles peuvent être soumises à une nouvelle revision, le Gouvernement de Sa Majesté Britannique pourrait donner une assurance qui mettrait le Gouvernement français à même d'accorder la prorogation de trois mois que le Gouvernement de Sa Majesté Britannique considère comme le préliminaire indispensable de la reprise des négociations.

Dans ce cas, les Commissaires de Sa Majesté Britannique seraient tout disposés à se réunir avec les Hauts Commissaires français, à Paris, le 22 de ce mois.

J'ai l'honneur, etc.

GRANVILLE.

N° 36.

M. CHALLEMEL-LACOUR, Ambassadeur de la République française à Londres,

à M. le Comte GRANVILLE, Principal Secrétaire d'État de Sa Majesté Britannique pour les Affaires étrangères.

Londres, 4 août 1881.

Mon cher lord Granville,

J'ai reçu la lettre, en date du 2 août, par laquelle vous me faites savoir que les réductions des droits afférents aux lainages et aux cotonnades ne vous paraissent pas suffisantes et que, par conséquent, la possibilité d'arriver à la conclusion d'un traité demeurait douteuse.

Je ferai remarquer d'abord à Votre Seigneurie qu'une telle déclaration est difficilement conciliable avec la demande de prorogation que vous renouvelez dans votre lettre. Aux termes des explications qui ont précédé le vote de la loi par les Chambres, la prorogation implique, avant tout, la certitude d'arriver à une entente.

Vous ajoutez, il est vrai, que, si j'étais en mesure de déclarer que les propositions faites par mon Gouvernement ne sont pas définitives et qu'elles pourront être soumises à une nouvelle revision, le Gouvernement de Sa Majesté pourrait alors nous donner des assurances qui nous permettaient de consentir dès à présent à la prorogation de trois mois qu'il considère comme une condition nécessaire à la reprise des négociations.

Je n'ai pas à insister, pour le moment, sur la valeur, en ce qui concerne les lainages et les cotonnades, aussi bien qu'en ce qui concerne les fers et les fontes, des concessions auxquelles mon Gouvernement est prêt à consentir et dont Votre Seigneurie m'avait paru, dans sa lettre du 30 juillet, mieux disposée à reconnaître l'importance. Je me contenterai de rappeler que le Gouvernement de la République, sans se laisser décourager par aucune circonstance, a multiplié les témoignages de son désir d'arriver à une entente. Il en donne actuellement une nouvelle preuve en consentant à faire des concessions qu'il considère comme très importantes, afin de faciliter une prochaine reprise des négociations. Le Gouvernement de Sa Majesté ne saurait avoir, j'en suis convaincu, la pensée d'exiger et d'obtenir de nous, avant de consentir à reprendre les négociations, une déclaration dont les termes généraux sembleraient l'autoriser à tout espérer et à tout demander. Une déclaration de ce genre ne pourrait être qu'une nouvelle source de difficultés. Elle est, au surplus, complètement inutile. Le Gouvernement français n'a pas la prétention de présenter ses propositions comme un *ultimatum*. En offrant de reprendre les négociations, il entend évidemment soumettre ses propositions, aussi bien que les demandes anglaises, à une discussion loyale et approfondie.

J'espère, en conséquence, que le Gouvernement de Sa Majesté n'insistera pas sur une déclaration qui n'aurait que des inconvénients, et qu'il jugera le moment venu, soit de donner les assurances dont Votre Seigneurie me parle dans sa lettre et qui autoriseraient mon Gouvernement à céder dès à présent sur la question de la prorogation, soit de reprendre les négociations, sans insister sur une condition incompatible avec les engagements formels que le Gouvernement français a dû prendre devant les Chambres.

Veuillez, etc.

CHALLEMEL-LACOUR.

N° 37.

M. le Comte Granville, Principal Secrétaire d'État de Sa Majesté Britannique pour les Affaires étrangères,

à M. Challemel-Lacour, Ambassadeur de la République française à Londres.

(traduction.)

Foreign Office, le 6 août 1881.

Monsieur l'Ambassadeur, le Gouvernement de Sa Majesté voit avec satisfaction la nouvelle assurance donnée, dans la note de Votre Excellence en date du 4 courant, du désir qu'a le Gouvernement français d'arriver à une entente sur les questions actuellement discutées, en ce qui concerne les négociations commerciales entre la Grande-Bretagne et la France. Votre Excellence déclare que le Gouvernement français ne présente pas ses propositions comme un *ultimatum*, et qu'en offrant de reprendre les négociations, il a évidemment l'intention de soumettre ces propositions, aussi bien que les demandes anglaises, à une discussion approfondie et loyale.

Votre Excellence termine en exprimant l'espoir qu'à la suite de cette explication, le Gouvernement de Sa Majesté pourra donner une assurance relative à la conclusion d'un traité qui permettra au Gouvernement français d'accéder immédiatement à la demande formulée dans ma note du 2 courant en vue d'une déclaration de prorogation de trois mois, à partir du 8 novembre prochain, des traités de commerce maintenant en vigueur entre la Grande-Bretagne et la France.

Vu les termes de la lettre de Votre Excellence, je puis donner l'assurance que le Gouvernement de Sa Majesté pense qu'un nouveau traité de commerce et de navigation, qui donnera satisfaction aux deux Pays, pourra être conclu dans le cours des présentes négociations; en conséquence, je dois renouveler la demande faite dans ma note du 2 courant, à l'effet d'obtenir la signature immédiate d'une déclaration prorogeant jusqu'au 8 février 1882 les traités existants.

J'ai l'honneur, etc.

Granville.

N° 38.

M. Challemel-Lacour, Ambassadeur de la République française à Londres,

à M. le Comte Granville, Principal Secrétaire d'État de Sa Majesté Britannique pour les Affaires étrangères.

Londres, 9 août 1881.

Monsieur le Comte, j'attache le plus grand prix aux assurances exprimées dans la lettre que vous m'avez fait l'honneur de m'écrire à la date du 6 août, et je prie Votre Seigneurie d'en recevoir mes remerciements. Après les explications échangées dans les conférences qui ont eu lieu à Londres et après mes récentes communications, il ne saurait plus y avoir d'incertitude sur les dispositions de mon Gouvernement. Sans fermer la porte aux rectifications dont une discussion ultérieure pourrait faire reconnaître la nécessité, il considère les lignes de l'arrangement commercial à intervenir comme désormais fixées, au moins dans ce qu'elles ont d'essentiel. C'est donc avec une véritable satisfaction et avec une sérieuse espérance d'aboutir qu'il accueillera l'assurance qui m'est donnée par Votre Seigneurie, que le Gouvernement de Sa Majesté pense qu'un nouveau traité de commerce, de nature à satisfaire les deux Pays, peut être conclu dans le cours des présentes négociations. Je ne suis pas en mesure de dire si, tout en se félicitant comme moi de cette assurance, le Gouvernement de la République la jugera suffisamment précise pour se croire autorisé à faire la déclaration qui lui est demandée sans déroger aux obligations qui lui ont été imposées par les Chambres. Il aura, en tout cas, à rechercher une formule qui réponde aux conditions exigées par la loi de prorogation.

Je dois faire observer, d'autre part, à Votre Excellence qu'Elle a entièrement laissé de côté, dans sa lettre, la question de la reprise des négociations et qu'il n'y est fait aucune allusion à l'invitation que je lui ai adressée, de la part de mon Gouvernement, de les rouvrir à la date du 22 août. Si le Gouvernement de la République croit pouvoir, par esprit de conciliation, consentir à la prorogation désirée par le Gouvernement de Sa Majesté, il ne saurait admettre que cette mesure ait pour conséquence l'ajournement des négociations. Il pense, au contraire, qu'elle en rendrait la continuation plus nécessaire. La prorogation et la reprise à bref délai des négociations dans un esprit entièrement conforme aux assurances qui m'ont été transmises par Votre Seigneurie sont deux choses, à mes yeux, corrélatives. Les circonstances actuelles paraissent d'ailleurs favorables à plusieurs égards.

Je serai donc reconnaissant à Votre Seigneurie de vouloir bien me faire savoir aussitôt que possible quelles sont, sur ce point, les intentions du Gouvernement de Sa Majesté.

Veuillez, etc.

CHALLEMEL-LACOUR.

N° 39.

M. CHALLEMEL-LACOUR, Ambassadeur de la République française à Londres,

à M. BARTHÉLEMY-SAINT HILAIRE, Ministre des Affaires étrangères.

Londres, 11 août 1881.

Monsieur le Ministre, je m'empresse de vous faire part d'une nouvelle communication du Foreign Office qui modifie encore une fois la situation et qui jette de nouveaux doutes sur la possibilité de s'entendre avec le Cabinet de Londres.

La lettre que j'ai eu l'honneur de vous soumettre et dont vous avez, ainsi que M. le Ministre du Commerce, approuvé les termes, avait pour objet d'amener le Gouvernement anglais à préciser davantage la portée de la déclaration contenue dans la lettre officielle de lord Granville en date du 6 août, à l'aide de laquelle il voulait obtenir la prorogation pour trois mois du traité actuel. Cette explication n'était pas inutile. Vous verrez, en effet, que cette déclaration, formulée en termes si vagues, n'avait aucunement le sens que nous devions naturellement lui attribuer. Il résulte de la réponse de lord Granville, dont vous trouverez la copie ci-jointe, que le Cabinet de Londres, en faisant cette déclaration, se proposait uniquement d'obtenir la prorogation qu'il désire; mais il n'entendait pas dire que les concessions nouvelles faites par le Gouvernement français et dont je lui avais donné communication lui paraissaient être satisfaisantes et fournir la garantie qu'on parviendrait à s'entendre. Au contraire, il nous fait savoir aujourd'hui très nettement que, malgré toutes les concessions déjà faites, nos propositions constituent toujours, aussi bien à l'égard de la classification qu'à l'égard de la quotité des droits, une dérogation au *statu quo* dans un sens rétrograde.

Lord Granville laisse entendre clairement dans sa lettre qu'il n'y a point, selon le Cabinet de Londres, d'arrangement possible si le Gouvernement français ne consent à de sérieuses modifications de ses propositions.

Veuillez agréer, etc.

CHALLEMEL-LACOUR.

ANNEXE

M. le Comte GRANVILLE, Principal Secrétaire d'État de Sa Majesté Britannique pour les Affaires étrangères.

à M. CHALLEMEL-LACOUR, Ambassadeur de le République française à Londres.

(TRADUCTION.)

Foreign Office, 10 août 1881.

Monsieur l'Ambassadeur, j'ai l'honneur d'accuser réception de la note de Votre Excellence en date d'hier, relative aux négociations commerciales entre la Grande-Bretagne et la France. Il est fait allusion, dans cette note, à deux points se rattachant à la prorogation des traités de commerce existant entre la Grande-Bretagne et la France, savoir : la reprise des négociations et la nature des propositions actuellement faites par le Gouvernement français.

En ce qui concerne le premier point, j'ai fait observer, dans ma note semi-officielle du 2 de ce mois, que les Commissaires de Sa Majesté Britannique seraient disposés, à de certaines conditions, à se rendre auprès de la haute Commission française, à Paris, le 22 de ce mois. Il avait semblé inutile de renouveler cette assurance dans ma note du 6 du mois courant; mais, un doute s'étant élevé à ce sujet, j'ai l'honneur de vous informer que les Commissaires de Sa Majesté Britannique sont toujours disposés à se rendre, aux mêmes conditions, à Paris, et à adhérer à l'arrangement proposé dans ma note du 2 de ce mois.

Pourtant, en ce qui concerne le deuxième point, je dois exprimer le regret que j'éprouve de ne pas comprendre complètement l'observation aujourd'hui faite, la rapprochant de votre note semi-officielle en date du 4 de ce mois.

Votre Excellence dit aujourd'hui : « Sans fermer la porte aux rectifications dont une dis« cussion ultérieure pourrait faire reconnaître la nécessité, le Gouvernement français consi« dère les lignes de l'arrangement commercial à intervenir comme désormais fixées, au « moins dans ce qu'elles ont d'essentiel. »

Le 4 de ce mois, Votre Excellence disait : « Le Gouvernement français n'a pas la préten« tion de présenter ses propositions comme un *ultimatum*. En offrant de reprendre les né« gociations, il entend évidemment soumettre ses propositions, aussi bien que les demandes « anglaises, à une discussion loyale et approfondie. »

Si l'on doit comprendre que les propositions du Gouvernement français sont aujourd'hui *fixées* en ce qui concerne les points essentiels, je ne puis qu'exprimer le profond regret qu'éprouve le Gouvernement de Sa Majesté Britannique en apprenant ce fait. Le Gouvernement de Sa Majesté Britannique avait compris que Votre Excellence affirmait que les propositions du Gouvernement français, dans leur ensemble, aussi bien que les demandes anglaises, seraient soumises à une discussion loyale et approfondie. Le Gouvernement de Sa Majesté Britannique se considérerait comme entravé dans les négociations ultérieures, si les propositions françaises sont censées ne pas être susceptibles de modifications sérieuses.

Le Gouvernement de Sa Majesté Britannique est d'opinion que, même modifiées de la manière indiquée dans la communication de Votre Excellence en date du 29 du mois dernier, ces propositions constituent, tant en ce qui concerne la classification qu'en ce qui concerne les taux, une altération considérable du *statu quo* dans un sens rétrograde.

Si ces objections sont admises, le Gouvernement de Sa Majesté Britannique s'attendra naturellement à ce que le Gouvernement français consente à ce que de sérieuses modifications soient apportées à ses propositions.

J'ai l'honneur, etc.

GRANVILLE.

N° 40.

M. CHALLEMEL-LACOUR, Ambassadeur de la République française à Londres,

à M. le Comte GRANVILLE, Principal Secrétaire d'État de Sa Majesté Britannique pour les Affaires étrangères.

Londres, 11 août 1881.

Monsieur le Comte, j'ai reçu hier la lettre que vous m'avez fait l'honneur de m'adresser en réponse à ma communication du 9 août. Votre Excellence y rapproche, comme si elles lui paraissaient présenter quelque contradiction, deux phrases empruntées : l'une à une lettre du 4 courant, l'autre à une lettre officielle du 9. Ces deux passages, loin d'offrir la moindre opposition, sont, au contraire, parfaitement concordants. En effet, Votre Excellence m'exprimait, dans sa lettre particulière du 2 août, le désir que le Gouvernement français voulût bien déclarer que ses dernières propositions, indiquées dans ma note confidentielle à M. le Sous-Secrétaire d'État, ne devraient pas être considérées comme définitives et pourraient être soumises à une nouvelle revision (*to state that these proposals are not to be looked as final, but may be subject to further revision*). Je vous ai fait savoir, dans une lettre particulière du 4, que le Gouvernement français ne pouvait consentir à faire une déclaration de ce genre. En ajoutant, ce qui, d'ailleurs, allait de soi, que mon Gouvernement n'en était pas moins prêt à discuter à fond les propositions et les demandes anglaises, je ne pouvais évidemment avoir la pensée de vous laisser croire que le Gouvernement français entendait que tout pût être remis en question. Le refus de faire la déclaration qui lui était demandée prouve, d'une manière péremptoire, que tel ne pouvait être son sentiment. Il estimait, au contraire, qu'il y avait des points acquis, des propositions sur lesquelles il ne lui était point possible de revenir. Je n'ai pas exprimé une autre pensée en disant, dans

10.

ma lettre officielle du 9 août, que, sans écarter toute possibilité de modifications nouvelles, le Gouvernement de la République considérait comme désormais fixées, dans ce qu'elles avaient d'essentiel, les lignes générales du traité de commerce à intervenir.

Il semble que le Gouvernement de Sa Majesté n'ait pu lui-même l'entendre, et ne l'ait pas entendu autrement. Lorsqu'il a demandé d'être assuré, dès aujourd'hui, de la prorogation pour trois mois du traité de commerce actuel, je lui ai fait observer, en termes formels et à plusieurs reprises, notamment dans une lettre particulière à Votre Excellence en date du 4 août, que, pour que le Gouvernement français pût consentir à cette prorogation, il fallait qu'un nouveau traité fût déjà conclu, ou que, du moins, la conclusion n'en pût être douteuse. C'est alors que, dans sa lettre du 6 août, Votre Excellence formula, selon l'offre qu'Elle m'en avait faite spontanément, une déclaration d'après laquelle le Gouvernement de Sa Majesté exprimait la conviction qu'un nouveau traité de commerce et de navigation, également satisfaisant pour les deux Pays, pouvait être conclu dans le cours des présentes négociations. Si peu explicite que fût cette déclaration, le but qu'elle se proposait en détermine la signification assez clairement. On ne voit pas, d'ailleurs, quel sens elle pouvait avoir, si elle ne signifiait que mes dernières communications ne laissaient, selon le Gouvernement de Sa Majesté, subsister aucun doute sur la possibilité d'un arrangement. En nous donnant, comme Elle le disait dans sa lettre du 6 août, une « assurance » qui permît au Gouvernement français de consentir à la prorogation qui lui était demandée, Votre Excellence entendait sans doute exprimer autre chose qu'une espérance vague, une simple possibilité dépendant de concessions nouvelles et indéterminées que le Gouvernement de Sa Majesté se réservait de demander et pensait obtenir.

Sans insister davantage sur un malentendu difficile à expliquer, je ne puis que répéter, en terminant, ce que j'ai eu l'honneur de dire plusieurs fois à Votre Excellence. Le Gouvernement de la République, renouvelant une proposition que MM. les Commissaires anglais avaient acceptée, dans la dernière conférence, sans hésitation et sans conditions, se déclare prêt à reprendre, avec l'esprit de conciliation dont il a donné assez de preuves, les négociations commencées à Londres et à les poursuivre à Paris. Il lui paraît, à la vérité, oiseux d'examiner si ses propositions répondent au *statu quo* ou si elles s'en écartent. Il ne pense pas non plus que les conférences qui ont eu lieu à Londres, que les communications qu'il a faites récemment par mon intermédiaire au Gouvernement de la Reine doivent être tenues pour non avenues, et que tout puisse être remis en question, aussi bien en ce qui concerne la quotité des droits que leur classification. Mais il reste persuadé qu'animé comme lui d'un sincère désir d'arrangement, le Gouvernement de Sa Majesté ne se refusera pas à reprendre les négociations, et qu'une discussion nouvelle peut conduire à une entente que nous persistons à considérer comme éminemment désirable.

Veuillez, etc.

CHALLEMEL-LACOUR.

N° 41.

M. BARTHÉLEMY-SAINT HILAIRE, Ministre des Affaires étrangères,

à M. CHALLEMEL-LACOUR, Ambassadeur de la République française Londres.

(DÉPÊCHE TÉLÉGRAPHIQUE.)

Paris, 12 août 1881.

Nous avons besoin de savoir les motifs de l'insistance du Cabinet anglais à obtenir la prorogation avant la reprise des négociations. Pour témoigner, de notre côté, notre sincère désir d'arriver à la conclusion d'une convention commerciale, nous venons de remettre à M. Adams, pour qu'il la transmette à son Gouvernement, une note ainsi conçue :

« D'après les assurances données par le Gouvernement anglais qu'il a le ferme « espoir d'arriver à la conclusion d'un traité, le Gouvernement français va s'oc- « cuper de trouver une formule qui lui permette d'accorder la prorogation, « sans manquer aux engagements qu'il a pris vis-à-vis du Parlement. »

Je vous prie de poser la question à lord Granville, afin que sa réponse me permette de rédiger plus sûrement la formule qui doit être commune aux deux Gouvernements et de nature à être acceptée par eux avec une égale satisfaction.

BARTHÉLEMY-SAINT HILAIRE.

N° 42.

M. CHALLEMEL-LACOUR, Ambassadeur de la République française à Londres,

à M. BARTHÉLEMY-SAINT HILAIRE, Ministre des Affaires étrangères.

Londres, 13 août 1881.

Monsieur le Ministre, une motion, depuis longtemps annoncée, relativement aux négociations du nouveau traité de commerce, a été l'objet d'une discussion qui a rempli, la nuit dernière, toute la séance de la Chambre, et elle a été repoussée par une majorité de 153 voix contre 80. L'auteur de la motion, M. Ritchie, député de Tower-Hamlets, négociant, est un conservateur connu par son attachement persévérant au système de la protection, et, quoiqu'il se soit défendu de vouloir y revenir, il n'en a pas moins déclaré que le libre-échange était, dès aujourd'hui, condamné par l'expérience, que ce régime était pour beaucoup, sinon pour la plus grande part, dans les souffrances de l'industrie anglaise, qu'il était répudié par la masse des travailleurs, qu'enfin, l'Angleterre aurait à soumettre son régime commercial à un nouvel et très attentif examen et à voir s'il n'y aurait pas nécessité, pour elle, de reprendre les armes qu'elle a trop tôt abandonnées, afin de se défendre contre la France.

La résolution proposée par M. Ritchie était conçue en ces termes : « Qu'une « humble adresse soit présentée à la Reine, la priant de ne donner son con- « sentement à aucun traité de commerce avec la France qui substituerait les « droits spécifiques aux droits *ad valorem* au détriment de produits quelconques « de manufacture anglaise, ou qui augmenterait, dans un cas quelconque, le « taux des droits actuels payés par ces articles, ou qui ne laisserait pas au Gou- « vernement anglais pleine liberté d'action dans la question des primes, ou qui « engagerait l'Angleterre pour plus d'un an. » Elle a été soutenue, après M. Ritchie, par lord Sandon, député de Liverpool, vice-président du Conseil d'éducation, de 1873 à 1878, dans le dernier cabinet Beaconsfield, et par quelques autres membres de moindre autorité, MM. Jackson, Newdegate, Ecroyd, etc.....

Elle a été combattue, au nom du Gouvernement, par sir Ch. Dilke et par M. Chamberlain, Président du *Board of Trade*. Le premier a rappelé le langage tenu par le Gouvernement lors du débat sur la motion de M. Monk, et il a renouvelé l'assurance qu'il ne serait conclu aucun traité, si l'on n'obtenait des conditions au moins égales à celles de 1860; il a déclaré, en outre, que le Gouvernement était résolu à n'accepter aucune conversion de droits *ad valorem* en droits spécifiques qui serait de nature à porter atteinte à l'existence ou aux intérêts d'une branche quelconque de l'industrie anglaise. Il a ajouté, toutefois, qu'il serait imprudent et impolitique de prendre d'avance aucun engagement public, quant à la nature des conditions sur lesquelles le Cabinet se proposait d'insister dans la négociation d'un nouveau traité avec la France. Quant à la question des primes, il a dit que le Gouvernement français niait qu'il existât actuellement aucune prime sur les sucres, et que l'opinion des personnes bien informées était que les primes sur la marine marchande ne dureraient pas longtemps.

Ces observations ont été reprises avec plus de vigueur par M. Chamberlain. Il a repoussé avec énergie le reproche adressé par lord Sandon au Gouvernement de ne pas tenir la Chambre et le public au courant de la marche des négociations. Il s'est attaché à établir par des chiffres que les prétendues souffrances de l'industrie anglaise n'existaient pas ou étaient fort exagérées. Il a mis l'auteur et les partisans de la motion en demeure de déclarer avec précision quels remèdes ils proposaient d'apporter à un état qu'ils trouvaient si déplorable, et de dire, dans le cas où ils voudraient entrer dans le système des représailles, sur quels articles ils proposeraient d'établir des droits : sur les articles manufacturés, sur les matières brutes ou sur les produits alimentaires.

Veuillez agréer, etc.

CHALLEMEL-LACOUR.

N° 43.

M. CHALLEMEL-LACOUR, Ambassadeur de la République française à Londres,

à M. BARTHÉLEMY-SAINT HILAIRE, Ministre des Affaires étrangères.

Londres, 13 août 1881.

Monsieur le Ministre, j'ai vu le Sous-Secrétaire d'État pour les Affaires étrangères, et je l'ai prié de vouloir bien me donner l'éclaircissement dont vous avez besoin et que vous m'avez chargé de lui demander par votre télégramme d'hier.

1° Sir Charles Dilke m'a dit, d'abord, que M. Gladstone, qui est l'auteur de la déclaration relative à la probabilité de la conclusion du traité, était résolu à n'y ajouter aucune explication. Il ne s'agit pas, m'a dit nettement sir Charles Dilke, d'une formule commune, d'un arrangement entre les Cabinets, mais d'une concession *motu proprio*, que vous ferez ou que vous refuserez à votre gré.

2° Sir Charles Dilke a bien voulu, toutefois, me dire que le motif de l'insistance du Cabinet de Londres pour obtenir la prorogation avant de reprendre les négociations est que cette sécurité est réclamée par nombre d'industriels anglais, dont les affaires souffrent de l'incertitude actuelle. Le Cabinet pense que, si elle leur était donnée, ils se montreraient peut-être plus maniables sur les conditions du traité, quand le moment sera venu de les faire connaître.

3° Le Sous-Secrétaire d'État a ajouté que, si la prorogation était accordée, si les conférences étaient reprises à Paris vers le commencement de septembre, il ne serait sans doute pas possible d'arriver à la conclusion du traité avant le

8 novembre; mais il s'est déclaré fermement convaincu qu'il serait possible d'en approcher beaucoup. Cette déclaration a été toute spontanée de sa part; je n'avais rien fait pour la provoquer.

Veuillez agréer, etc.

CHALLEMEL-LACOUR.

N° 44.

M. BARTHÉLEMY-SAINT HILAIRE, Ministre des Affaires étrangères,

à M. CHALLEMEL-LACOUR, Ambassadeur de la République française à Londres.

Paris, 16 août 1881.

Monsieur, à la suite de la démarche que M. le Chargé d'affaires de la Grande-Bretagne avait faite, le 12 de ce mois, auprès du Gouvernement de la République, je n'avais pas hésité, de concert avec M. le Ministre du Commerce, à remettre à M. Adams une note ainsi conçue: « D'après les assu- « rances données par le Gouvernement anglais, qui a le ferme espoir d'arriver à « la conclusion d'un traité, le Gouvernement français va s'occuper de trouver « une formule qui lui permette d'accorder la prorogation, sans manquer aux « engagements qu'il a pris vis-à-vis du Parlement. »

Quel que soit le désir du Gouvernement de la République de faciliter les moyens d'arriver à une solution favorable, je ne puis, cependant, m'empêcher de remarquer que les assurances qui nous avaient été transmises n'ont reçu aucune confirmation de la part du Cabinet de Londres, et que la lettre que vous avez adressée à lord Granville, à la suite de sa communication du 10 du mois, pour lui rappeler les conditions auxquelles il nous serait possible de proroger les traités existants, est demeurée sans réponse.

Ainsi que vous l'avez si bien précisé dans cette lettre, il faut, pour que le Gouvernement français soit autorisé à consentir à une nouvelle prorogation, qu'avant le 8 novembre de cette année, un traité soit conclu entre la France et l'Angleterre ou que, du moins, à cette époque, la conclusion ne puisse plus, en quoi que ce soit, en être douteuse. Tel est le sens exact des déclarations réitérées que M. le Ministre du Commerce, d'accord avec les Commissions des deux Chambres, a faites devant le Sénat et la Chambre des Députés, et il suffit de se reporter à la discussion que le projet de loi de prorogation a provoquée pour se rendre compte des limites dans lesquelles les Chambres ont entendu renfermer le Gouvernement de la République. M. Tirard, répondant à un orateur qui considérait toute nouvelle prorogation comme préjudiciable aux intérêts industriels et commerciaux du pays, s'exprimait en ces termes :

« Je ne puis pas vous dire que les négociations commerciales seront terminées dans un mois, dans deux mois ou dans trois mois; mais j'ai la ferme espérance qu'elles seront terminées à l'époque du 8 novembre, qui est fixée pour les délais de prorogation.

« Or, Messieurs, à cette époque, il est incontestable que les Chambres ne seront pas réunies, ou que, si elles le sont, elles le seront depuis trop peu de temps pour qu'elles puissent ratifier les conventions qui auront été préparées; nous nous trouverions, par conséquent, si nous ne vous demandions pas un nouveau délai, dans cette condition déplorable que, bien qu'ayant des conventions signées soit avec l'Angleterre, soit avec d'autres Puissances, comme les Chambres ne se trouveraient pas réunies pour y donner leur sanction, nous serions condamnés à une modification dans le mode de nos relations commerciales et nous devrions généraliser l'application de notre tarif général pendant un temps plus ou moins long, en attendant la ratification parlementaire.

« C'est uniquement pour parer à cette éventualité que nous vous avons proposé la prorogation de trois mois dont il s'agit.

« Cette proposition est donc une mesure de prévoyance. Personne ne peut demander que, si des traités de commerce ont été signés et sont en mesure d'être ratifiés par les Puissances contractantes, ou si des négociations sont en bonne voie et sur le point d'aboutir, l'application de ces traités puisse être remplacée, même pour quelques jours, par une application des tarifs généraux qui s'imposerait au Gouvernement. Voilà la situation; elle est bien simple. »

Je partage absolument l'avis de mon collègue M. le Ministre du Commerce, et c'est avec une véritable satisfaction que j'avais pris connaissance de la communication que lord Granville vous avait adressée, le 6 de ce mois. En prenant acte des concessions étendues auxquelles le Gouvernement français avait consenti à la suite des conférences de Londres, et en se référant aux termes de votre lettre semi-officielle du 4 où vous renouveliez l'invitation du Gouvernement français à reprendre à Paris les négociations précédemment suspendues, le Cabinet de Londres « exprimait l'assurance que le Gouvernement de Sa Majesté estimait qu'un nouveau traité de commerce et de navigation également satisfaisant pour les deux Pays pourrait être conclu dans le cours des présentes négociations. »

Si vague que fût la teneur de cette déclaration, nous n'étions pas moins autorisés à croire que les dernières propositions du Gouvernement de la République avaient été favorablement accueillies et jugées de nature à amener promptement une entente définitive. Ce devait être là le résultat des conférences dont l'ouverture aurait pu avoir lieu à Paris le 22 de ce mois et dans lesquelles les dernières difficultés de détail ou d'application, ainsi que les nouvelles demandes du Gouvernement britannique, auraient pu être heureusement réglées après une étude loyale et approfondie.

Malheureusement, nous avons dû constater avec regret qu'il s'est glissé, dans la correspondance échangée à ce sujet entre les deux Gouvernements, un malentendu que nous serions heureux de voir dissiper. En effet, il ressort de la lettre de lord Granville en date du 10 de ce mois, et à laquelle, je le répète, vous avez déjà répondu sans obtenir du Cabinet de Londres les éclaircissements dont nous avions besoin, que le Gouvernement anglais paraissait revenir, dans une certaine mesure, sur sa précédente déclaration du 6 de ce mois; il semble, aujourd'hui, qu'il tient les concessions du Gouvernement français pour insuffisantes et qu'il ne consentirait à une reprise ultérieure des négociations qu'autant que nos dernières propositions seraient soumises à de sérieuses modifications.

Si le Gouvernement de Sa Majesté veut bien considérer les engagements du Gouvernement français vis-à-vis du Parlement, il reconnaîtra combien il nous serait difficile, dans ces conditions, de nous prêter, en ce moment, à une nouvelle prorogation des traités existants, puisqu'il se refuse à chercher avec nous les termes d'une déclaration commune qui nous aurait placés dans la situation que nous impose notre loi sur la prorogation.

Nous n'en persistons pas moins à offrir au Cabinet de Londres de reprendre à Paris, le 22 de ce mois ou un peu plus tard, les conférences commerciales, persuadés, au point où en sont les négociations, qu'elles peuvent servir à amener, avant le 8 novembre ou un peu après, la conclusion d'un traité conforme aux intérêts des deux Pays, ou à préparer la conclusion certaine d'un traité dans un délai qui n'excéderait le 8 novembre que de très peu de temps.

Je vous serai obligé, Monsieur, de vouloir bien communiquer ces observations au Gouvernement britannique, dans la forme qui vous paraîtra le mieux répondre à l'état de vos pourparlers avec lord Granville.

Agréez, etc.

Barthélemy-Saint Hilaire.

N° 45.

M. Challemel-Lacour, Ambassadeur de la République française à Londres,

à M. Barthélemy-Saint Hilaire, Ministre des Affaires étrangères.

Londres, 18 août 1881.

Monsieur le Ministre, j'ai l'honneur de vous envoyer ci-joint la réponse de Lord Granville à votre dépêche du 16, que je lui avais communiquée.

Veuillez agréer, etc.

Challemel-Lacour.

ANNEXE.

M. le Comte Granville, Principal Secrétaire d'État de Sa Majesté Britannique pour les Affaires étrangères,

à M. Challemel-Lacour, Ambassadeur de la République française à Londres.

(TRADUCTION.)

Foreign Office, 18 août 1881.

Monsieur l'Ambassadeur, j'ai l'honneur d'accuser réception de la note de Votre Excellence en date d'hier, à laquelle se trouvait jointe la copie d'une dépêche que vous aviez reçue du Ministre des Affaires étrangères de France, au sujet de la reprise proposée des négociations commerciales entre la Grande-Bretagne et la France.

M. Barthélemy-Saint Hilaire appelle l'attention de Votre Excellence sur le fait que l'on n'a reçu aucune réponse à la note que Votre Excellence m'avait adressée le 10 de ce mois; je désire, à cet égard, faire remarquer que, vu la conversation tenue le lendemain avec M. Adams, à laquelle M. Barthélemy-Saint Hilaire se réfère dans sa dépêche, et le mémorandum à lui remis par M. le Ministre du Commerce, le Gouvernement de Sa Majesté Britannique, avant de faire aucune démarche ultérieure à ce sujet, attendait la *formule* relative à la prorogation, formule que l'on allait rédiger, d'après les informations données à M. Adams, mais qui, jusqu'à ce jour, n'a pas été reçue.

M. Barthélemy a raison en disant que, dans ma note du 6 de ce mois, j'avais donné l'assurance que le Gouvernement de Sa Majesté Britannique envisageait favorablement la possibilité de conclure un nouveau traité de commerce dans le cours des négociations actuelles; mais la note de Votre Excellence en date du 9 de ce mois, ainsi que je l'ai déjà fait remarquer, semblait démontrer que le Gouvernement français considérait que, en ce qui concerne tous les détails importants et essentiels, il n'y avait lieu de faire aucune modification ultérieure aux dernières propositions françaises.

Force a été au Gouvernement de Sa Majesté Britannique de ne pas partager cette opinion; car il n'a jamais cessé d'exprimer l'avis que les concessions déjà proposées, en ce qui concerne les cotonnades et les lainages, n'étaient pas suffisantes.

En même temps, le Gouvernement de Sa Majesté Britannique, a, dans tout le cours du récent échange de notes et de communications (*pourparlers*), exprimé constamment le désir de faciliter, par tous les moyens en son pouvoir, la prorogation de trois mois du *statu quo*. C'est dans ce but, et afin de répondre aux demandes du Gouvernement français, que, dans ma note du 6 de ce mois, j'ai donné, à ce sujet, les assurances les plus formelles que j'aie pu convenablement donner.

Puisque le Gouvernement français ne paraît pas préparé, de son côté, à répondre à cette avance par une déclaration conforme, en ce qui concerne la prorogation du tarif en vigueur, le Gouvernement de Sa Majesté Britannique regrette que, dans l'état actuel des choses, les Commissaires britanniques ne puissent pas accepter l'invitation de se réunir à Paris le 22 de ce mois.

J'ai l'honneur, etc.

GRANVILLE.

N° 46.

M. CHALLEMEL-LACOUR, Ambassadeur de la République française à Londres,

à M. BARTHÉLEMY-SAINT HILAIRE, Ministre des Affaires étrangères.

Londres, 23 août 1881.

Monsieur le Ministre, les réponses que M. Chamberlain, Président du *Board of Trade*, a faites, hier soir, dans la Chambre des communes, aux questions du baron de Worms et de M. Ashmead-Bartlett, concernant le traité de commerce, n'auront pas échappé, je pense, à votre attention. Elles renferment plusieurs choses à remarquer.

Il en résulte, premièrement, que le Cabinet de Londres ne considère pas les négociations comme rompues, mais comme simplement suspendues. Ce langage est fort différent de celui qui était tenu, il y a quelques jours, par la plupart des journaux et, hier encore, par le *Daily News*.

En second lieu, M. Chamberlain a déclaré n'être pas sans espérer que le Gouvernement français fera de nouvelles propositions qui permettront de reprendre les négociations sous de meilleurs auspices. Ce sont, sans doute, les deux notes parues dans les journaux de Paris, et auxquelles on attribue ici un caractère semi-officiel, qui ont inspiré à M. Chamberlain cette espérance.

Troisièmement, M. Chamberlain ne paraît pas admettre qu'en aucun cas le commerce anglais puisse avoir à subir le régime du nouveau tarif général français, alors même que les négociations n'aboutiraient pas, et il a parlé de la clause de la nation la plus favorisée; il ne s'est pas, du reste, clairement expliqué sur ce point.

Mais, un instant après, le baron de Worms ayant adressé, cette fois, au Sous-Secrétaire d'État des Affaires étrangères une nouvelle question sur le point de savoir si, à l'expiration du traité de 1860, la clause de la nation la plus favorisée tomberait en même temps, sir Ch. Dilke a répondu affirmativement. Il a toutefois ajouté que le Gouvernement de la Reine pouvait ou bien s'assurer le bénéfice de la clause en question par un traité spécial, ou traiter sur la base d'un nouveau tarif, ou ne pas faire de traité du tout.

Sans s'exagérer l'importance de ces déclarations, on peut, je crois, en conclure que les dispositions du Cabinet de Londres se sont un peu modifiées.

Veuillez agréer, etc.

Challemel-Lacour.

N° 47.

M. Barthélemy-Saint Hilaire, Ministre des Affaires étrangères,

à M. Challemel-Lacour, Ambassadeur de la République française à Londres.

Paris, 29 août 1881.

Monsieur, je réponds à vos deux lettres du 18 et du 23 de ce mois, concernant les négociations relatives à notre traité de commerce avec l'Angleterre. Je me plais toujours à espérer qu'un moment suspendues, elles seront bientôt reprises; mais, en attendant, je crois utile de bien marquer le point précis où elles sont actuellement arrivées; ce sera un moyen de rendre plus facile la conclusion de l'arrangement qui ne peut manquer d'intervenir dans l'intérêt des deux Pays.

Le jour même où notre tarif général, voté par les deux Chambres, avait été promulgué (8 mai 1881), nous nous étions empressés de le communiquer au Cabinet anglais, et, lord Granville ayant témoigné le désir que les négociations eussent lieu à Londres, nous y avons consenti volontiers, bien que le siège naturel nous en semblât plutôt devoir être à Paris, puisque c'était le tarif français qu'il s'agissait de discuter avec tous les documents qui doivent l'expliquer et qui ne se trouvent que sur place.

Notre tarif conventionnel, modificatif du tarif général, ayant été transmis le 18 mai, les négociations purent s'ouvrir le 26; elles continuèrent sans interruption, pendant près de six semaines, jusqu'au 30 juin, où une seizième séance termina leur première phase. Dans le cours entier de cette discussion, toujours fort courtoise, et dirigée de part et d'autre de manière à nous présager une entente complète, nous avons fait des réductions importantes sur la fonte et les fers, sur les fils et tissus de coton et de laine, sur les fils de lin, de jute et de chanvre, bien que peut-être nous n'eussions pas obtenu, en retour, des compensations suffisantes. Nous nous plaisons, d'ailleurs, à reconnaître que les Commissaires britanniques ont témoigné du même esprit de conciliation qui nous animait, et, quoiqu'ils aient dû produire quelquefois des demandes tout à fait inattendues et même excessives, on était en droit de prévoir une prochaine et heureuse issue, lorsqu'on dut se séparer à la fin de juin et que le Cabinet français proposa de transporter à Paris la suite des négociations.

Cependant, comme il était évident que, même avec la meilleure volonté de la part des négociateurs, il était impossible que les conventions, s'il en était conclu avant le 8 novembre, pussent être ratifiées à cette époque, à cause de l'absence des Parlements, le Gouvernement français crut prudent de demander aux Chambres d'autoriser une prorogation supplémentaire et facultative de trois mois. Ce nouveau délai pouvait s'étendre ainsi jusqu'au 8 février 1882, c'est-à-dire jusqu'à un moment où, le Parlement étant réuni dans l'un et l'autre Pays, il était possible de faire donner la ratification légale aux actes provisoirement passés. Ce ne fut pas sans peine que les Chambres françaises consentirent à porter à neuf mois le délai primitif qui ne devait pas en excéder six. Le Parlement ne céda qu'en posant une condition. Il fut stipulé que la prorogation de trois mois allant du 8 novembre 1881 au 8 février 1882 ne serait acquise qu'aux nations avec lesquelles des conventions auraient été signées avant le 8 novembre, ou avec lesquelles les négociations seraient tellement avancées qu'on eût la certitude d'un arrangement très prochain et parfaitement assuré.

Il est vrai que cette condition, qui résultait du principe même de la loi, n'a pas été insérée expressément dans son texte, qui se compose d'un article unique; mais elle a été explicitement développée dans l'exposé des motifs, dans les rapports faits aux deux Chambres, dans la discussion parlementaire et dans les déclarations du Ministre portées officiellement à la tribune. Ce qui était également bien entendu, c'est qu'en aucun cas le Gouvernement français ne devait accorder à personne le bénéfice de la prorogation avant le 8 novembre, puisque, par les lois précédentes, le délai primitif de six mois était accordé à tout le monde.

La loi, dans son seul article, dit, en propres termes : « Le Gouvernement « est autorisé à proroger pour trois mois, à dater du 8 novembre 1881, les

« traités et conventions de commerce actuellement en vigueur. » La prorogation, destinée éventuellement à faciliter les négociations engagées, ne doit, par conséquent, être concédée qu'après que le premier délai de six mois sera expiré, et le Cabinet français ne peut pas se lier, à cet égard, avant le 8 novembre. Si donc, à la sollicitation du Cabinet anglais, il se décidait à faire, en sa faveur, une exception, ce ne pouvait être qu'en cherchant à couvrir sa responsabilité par une certitude anticipée équivalant à la signature d'une convention qu'il pourrait exiger effectivement à partir du 8 novembre prochain.

C'est en ce sens que le Gouvernement français et les deux Chambres ont toujours compris la loi du 16 juillet 1881, et nous croyons que c'est simplement une interprétation erronée qui a créé toutes les difficultés qui ont surgi.

Le Cabinet anglais demandait, dès le 30 juillet, qu'on lui accordât, à l'avance et sans condition, la prorogation de trois mois. Il avait, nous n'en doutons pas, les plus graves motifs pour nous adresser cette demande prématurée; mais elle nous surprit, et nous ne pûmes y consentir, car, à ce moment, il restait encore plus de trois mois à courir sur la première prorogation, qui était déjà d'un semestre entier. Pourquoi devancer le moment légal de la prorogation facultative? Dans quel but précipiter ainsi les choses? C'est un point qui est resté obscur; et malgré l'insistance que nous avons dû mettre à l'éclaircir, nous n'y sommes pas parvenus. Les explications mêmes de quelques journaux anglais ne nous ont pas persuadés; et nous sommes assurés que ces journaux se trompent quand ils espèrent qu'après le 8 février prochain, les Chambres françaises seront disposées à faire, sur le tarif conventionnel, des réductions plus fortes que celles que le Cabinet français est autorisé à consentir aujourd'hui.

Quoi qu'il en soit, le Cabinet anglais subordonna la reprise des négociations à cette concession immédiate : ou la prorogation préalable de trois mois lui serait accordée par nous, ou les négociations ne seraient pas continuées à Paris. Le Cabinet français, obligé de se conformer à la loi, n'en regrettait pas moins de ne pouvoir condescendre à cette exigence qui paraissait insurmontable; autant qu'il le put, il se prêta à toutes les explications qui pouvaient concilier le différend. Il avait fait toutes les diminutions qui lui étaient permises pour les tissus de coton et sur les tissus de laine mélangés, et il croyait être arrivé à la limite extrême par ces articles. Néanmoins, il fit un pas de plus : il déclara que ce n'était pas un *ultimatum* qu'il avait posé, et que la discussion restait encore ouverte sur ces points, bien qu'ils dussent paraître désormais vidés. En même temps, lord Granville déclarait, de son côté, que la conclusion d'un traité lui semblait possible; mais il persistait à demander la prorogation anticipée, bien que le Cabinet français eût, aussi clairement que possible, manifesté l'impossibilité où il était de se soustraire à la loi.

Du reste, le Cabinet français, pour continuer à montrer ses bonnes dispositions, accueillait la suggestion qui lui avait été faite (12 août) consistant à chercher une formule que les deux Parties contractantes pourraient accepter également, et où la situation respective de l'une et de l'autre serait équitablement ménagée. Dans cet acte bilatéral, le Cabinet français aurait concédé la prorogation dès ce moment même, et, de son côté, le Cabinet anglais aurait donné une suffisante certitude que les négociations renouvelées aboutiraient à un résultat positif. Il semblait que, sur ce terrain, tout pouvait se concilier. Le Cabinet français promettait de s'occuper très promptement de rédiger la formule à trouver; mais le Cabinet anglais repoussa cette ouverture, comme il avait cru devoir repousser toutes les autres. Il fut donc décidé que les négociations ne reprendraient pas à Paris le 22 août, comme nous l'avions proposé, et il fallut se résigner à attendre des circonstances plus favorables.

Les choses en étaient là lorsque, dans la séance de la Chambre des communes du 22 août, le très honorable M. J. Chamberlain, président du Bureau du commerce, répondant à une question de M. de Worms, tint à déclarer que les négociations relatives au traité de commerce avec la France n'avaient pas avorté, et qu'elles étaient simplement suspendues. Cette parole, qui était fort autorisée, puisqu'elle venait d'un ministre, a été confirmée solennellement par le discours de la Couronne à la clôture du Parlement, avant-hier même, 27 août. La Reine a prononcé ces mots, qui ne laissent plus subsister le moindre doute : « Les négociations commerciales avec la France ont été suspendues; mais je reste désireuse, à tous les points de vue, d'employer mes « plus grands efforts à amener la conclusion d'un traité sur des bases favorables « au développement des relations entre les deux Nations, à l'étroite amitié « desquelles j'attache une grande importance. »

Le Gouvernement de la République est absolument dans les mêmes sentiments que celui de la Reine; il est convaincu que la sincère cordialité qui existe des deux parts ne tardera pas à amener le résultat cherché. Une convention commerciale peut être signée avant le 8 novembre, ou bien, à cette époque, les négociations seront déjà tellement avancées que le Gouvernement français pourra, sans le moindre scrupule de légalité, accorder la prorogation que l'Angleterre désire. Nous conservons aussi ce ferme espoir, et nous croyons qu'il se réalisera bientôt, au grand bénéfice des deux peuples.

Voilà, Monsieur l'Ambassadeur, les réflexions que je crois bon de vous communiquer. Vous en ferez l'usage que votre prudence habituelle croira le plus convenable dans vos relations avec le Gouvernement auprès duquel vous êtes accrédité.

Agréez, etc.

Barthélemy-Saint Hilaire.

N° 48.

M. Challemel-Lacour, Ambassadeur de la République française à Londres,

à M. Barthélemy-Saint Hilaire, Ministre des Affaires étrangères.

Londres, 3 septembre 1881.

Monsieur le Ministre, j'ai lu avec le plus grand intérêt votre lettre en date du 29 août, dans laquelle vous avez pris soin de retracer, avec une rigoureuse exactitude, la marche et les divers incidents des négociations relatives au renouvellement du traité de commerce, depuis la promulgation du nouveau tarif général voté par les Chambres jusqu'au jour où, persistant à obtenir au préalable une prorogation qu'il ne nous était pas possible de lui accorder et que rien, d'ailleurs, ne semblait rendre nécessaire, le Cabinet de Londres déclina définitivement l'invitation, que nous lui avions adressée à la fin de juin et qu'il avait d'abord acceptée, d'envoyer ses délégués à Paris pour y continuer les négociations. Vous avez mis en lumière, de manière à dissiper tous les malentendus, le caractère, souvent méconnu dans ces derniers temps par la presse anglaise et peut-être mal compris par le Gouvernement anglais lui-même, de la nouvelle loi de prorogation votée, au mois de juin, par les Chambres. Il résulte clairement de vos explications que, si l'article unique de la loi autorisait le Gouvernement à accorder une nouvelle prorogation de trois mois à partir du 8 novembre, d'une part, cette prorogation ne devait être concédée qu'après le premier délai de six mois expiré, et, d'autre part, elle était subordonnée à une condition qui résultait du principe même de la loi et qui avait été développée dans l'exposé des motifs, dans les rapports faits aux Chambres, dans la discussion parlementaire et dans les déclarations portées par M. le Ministre du Commerce à la tribune. Le Gouvernement français se trouvait donc, à un double point de vue, dans l'impossibilité de déférer à la demande qui nous était faite par le Cabinet de Londres.

Vous rappelez, dans votre lettre, la déclaration faite à la Chambre des communes par le Président du *Board of Trade*, dans sa réponse à M. de Worms, et solennellement confirmée par le discours de la Reine à la clôture du Parlement, le 27 août. Votre Excellence me fait part de la satisfaction que Lui ont causée ces déclarations encourageantes, et Elle m'exprime l'espérance qu'animés de ces sentiments et en raison de la sincère cordialité qui règne entre eux, les deux Gouvernements pourront arriver aisément à conclure, avant le 8 novembre, une convention commerciale qui vous permettrait d'accorder, sans déroger à l'esprit de la loi, la prorogation à laquelle l'Angleterre attache tant de prix.

Il serait, à coup sûr, fort désirable qu'un tel résultat fût atteint, et Votre Excellence peut être assurée qu'en ce qui me concerne, je ne négligerai rien pour le préparer. Il est certain qu'à mesure que le temps s'écoule, il devient plus difficile d'arriver à un résultat définitif avant le 8 novembre et, par conséquent, plus nécessaire de s'entendre sur la prorogation, si l'on veut mettre un terme à une incertitude qui pèse aujourd'hui lourdement sur les affaires, et épargner au commerce des deux Pays la perturbation qui résulterait de l'application, même temporaire, du tarif général. Si vous receviez la visite de Sir Charles Dilke, lorsqu'il passera à Paris pour revenir à Londres, peut-être arriveriez-vous, sans trop de difficultés, à vous entendre avec lui à cet égard.

L'opinion publique en Angleterre se montre, en effet, vivement préoccupée de la situation présente. La place que tiennent dans les journaux les discussions relatives au traité de commerce, le soin avec lequel ils recueillent chaque jour les appréciations malheureusement divergentes de la presse française, les propositions de toutes sortes, les idées plus ou moins sérieuses mises en avant pour parer aux inconvénients qui résulteraient, pour l'Angleterre, de l'impossibilité de renouveler les conventions de 1860, témoignent suffisamment des préoccupations publiques. Comme il arrive d'ordinaire, quand certaines alarmes s'emparent de l'esprit public et quand on cherche les causes d'une situation inquiétante ou les remèdes à y apporter, la diversité des opinions augmente chaque jour. Il ne me paraît pas douteux que les partisans du libre-échange ont déjà perdu du terrain. Des opinions que l'on croyait définitivement vaincues se réveillent et reprennent confiance. Vous savez quelle importance on attache ici aux élections partielles qui ont lieu dans le cours d'une législature, et avec quelle sollicitude on y cherche l'indice des moindres variations de l'opinion. Une élection vient d'avoir lieu dans le North-Lincolnshire, et M. James Lowther, qui était Secrétaire pour l'Irlande dans le cabinet Tory et qui avait échoué l'année dernière, l'a emporté, à une majorité importante, sur le candidat libéral. Or, M. James Lowther est connu pour son attachement passionné au système protectionniste, et c'est tout particulièrement, à ce qu'il semble, comme protectionniste qu'il a été élu; car, dans le cours de sa campagne électorale, il ne s'est pas fait faute de dénoncer le malaise actuel de l'agriculture et de l'industrie comme le résultat de l'application malheureuse du libre-échange. Il est allé toutefois un peu loin, en faisant entendre que le parti conservateur saurait seul mettre un terme aux difficultés présentes par un retour à de meilleures doctrines. Le parti conservateur paraît, en effet, très divisé sur cette question. Sir Stafford Northcote, le *leader* du parti à la Chambre des communes, dans un discours qu'il a prononcé avant-hier à Sheffield, s'est exprimé avec beaucoup de réserve. S'il a fait profession d'être et d'avoir toujours été libre-échangiste, il a pris soin d'ajouter aussitôt une condition qui atténue beaucoup l'importance de cette déclaration, c'est que le libre-échange soit accepté universellement et de bonne foi. Il s'est contenté de dire, à propos de la question du traité de 1860, que, s'il était impossible de le renouveler avec la France, ce qu'il estimait très probable, peut-être faudrait-il en venir à reviser toute la législation commerciale de l'Angleterre; mais il faudrait, en tout cas, procéder à cette revision avec prudence et délicatesse, sans se laisser dominer par des formules. Les opinions ne sont pas moins divisées dans le parti qui est aujourd'hui au pouvoir. Tandis que les libéraux et les radicaux se livrent, pour la plupart, à de vives récriminations contre la France, à cause des difficultés qu'elle oppose par ses augmentations de droits au renouvellement des traités de 1860, un membre considérable de la minorité libérale à la Chambre des Lords, lord Grey, dans deux longues lettres qu'il a adressées au *Times*, le 25 août et le 1er septembre, dirige, au nom du libre-échange, ses attaques contre le système même des traités de commerce et n'hésite pas à attribuer à celui de 1860 le retour marqué de l'opinion vers le régime protectionniste.

Quoi qu'il en soit de ces diversités d'opinions, qu'il ne serait pas impossible de découvrir dans le Gouvernement lui-même, je ne pense pas qu'elles exercent beaucoup d'influence sur ses dispositions actuelles. Tout me porte à croire que, malgré son refus de reprendre les négociations à Paris, comme nous le lui avions proposé, il n'est pas sans envisager avec appréhension la situation qui serait faite au commerce anglais, à partir du 8 novembre, par l'application du tarif général. Je ne pense pas, à vrai dire, qu'après une rupture au moins apparente, à laquelle les Chambres, les journaux, le public ont généralement applaudi, soit par mauvaise humeur, soit dans une pensée d'intimidation à notre égard, le Gouvernement anglais se décide spontanément à tenter quelque démarche de conciliation. Mais, s'il se rencontrait chez nous quelque occasion de la lui faciliter, je suis disposé à croire qu'il ne s'y refuserait pas.

Veuillez agréer, etc.

CHALLEMEL-LACOUR.

N° 49.

M. BARTHÉLEMY-SAINT HILAIRE, Ministre des Affaires étrangères,

à M. CHALLEMEL-LACOUR, Ambassadeur de la République française à Londres.

Paris, 6 septembre 1881.

Monsieur, j'ai reçu hier la visite de sir Charles Dilke, qui venait m'entretenir de nos négociations commerciales, après avoir vu mon collègue, M. le Ministre du Commerce.

Il a d'abord indiqué quelques articles secondaires de notre tarif conventionnel; mais il a insisté sur la difficulté de nous entendre en ce qui concerne « les lainages »; c'est le terme dont il s'est constamment servi; et c'est à cet article spécial qu'il est presque toujours revenu. Je lui ai fait observer que, à cet égard comme à d'autres, nous avions déjà fait de très grandes concessions. Il m'a répondu que même ces concessions ne suffisaient pas, parce que l'écart primitif était énorme et qu'il n'était pas encore comblé d'une manière satisfaisante. Je lui ai dit alors que nous avions montré, autant qu'il dépendait de nous, notre sincère désir d'arriver à une conclusion, et que, malgré quelques mécomptes assez inattendus, nous conservions toujours l'espoir de réussir prochainement. Sir Charles Dilke a répliqué que le Cabinet anglais était allé, de son côté, aussi loin qu'il le pouvait « en déclarant qu'il regardait le traité comme possible », et qu'il ne pouvait pas aujourd'hui même s'engager davantage. Je lui ai rappelé que nous n'avions pas trouvé cette déclaration assez sérieuse pour nous croire autorisés à concéder la prorogation anticipée que réclame le Cabinet anglais; que, cependant, sur une suggestion qui nous avait été faite, nous avions proposé de chercher une formule qui pût concilier notre devoir d'obéir à la loi du 12 juillet sur la prorogation, et la nécessité où se croyait l'Angleterre d'obtenir, dès maintenant, la prolongation de trois mois qui, selon nous, ne pouvait partir que du 8 novembre prochain; que le Cabinet anglais n'avait pas répondu à cette ouverture et qu'il avait décliné notre invitation de reprendre, à Paris, le 22 août, les négociations suspendues depuis le 30 juin.

Comme la discussion purement commerciale semblait à peu près épuisée entre nous, j'ai déclaré, encore une fois, que le Cabinet français n'avait pas entendu poser un *ultimatum*, et que M. le Ministre du Commerce se tenait toujours prêt à entendre des observations nouvelles qui rectifieraient des erreurs, s'il en avait été commis, ou qui apporteraient des faits non débattus jusqu'ici.

Je venais à peine de terminer mon entretien avec sir Charles Dilke que j'eus l'occasion d'en conférer avec mon collègue, M. le Ministre du Commerce. M. Tirard me confirma que, quant à lui, après la démarche de sir Charles Dilke, après le discours de la Reine, après la réponse de M. Chamberlain à M. de Worms, il pensait que nous pouvions accorder la prorogation demandée, du moment que les négociations « suspendues » seraient reprises à Paris le plus prochainement qu'il se pourrait. Comme l'impression qu'avait faite sur moi l'entretien de sir Charles était fort semblable à celle qu'avait ressentie mon collègue, je me suis rallié à cette opinion.

Nous sommes donc disposés à accorder la prorogation anticipée jusqu'au

8 février 1882, lorsque les deux Cabinets seront convenus du jour où les négociations seront reprises à Paris.

Agréez, etc.

BARTHÉLEMY-SAINT HILAIRE.

N° 50.

M. CHALLEMEL-LACOUR, Ambassadeur de la République française à Londres,

à M. BARTHÉLEMY-SAINT HILAIRE, Ministre des Affaires étrangères.

Londres, 13 septembre 1881.

Monsieur le Ministre, j'ai l'honneur d'envoyer ci-joint à Votre Excellence copie de la lettre que j'ai reçue, hier soir, du Foreign-Office, au sujet de la reprise des négociations commerciales.

Veuillez agréer, etc.

CHALLEMEL-LACOUR.

ANNEXE.

Sir Charles DILKE, Sous-Secrétaire d'État de Sa Majesté Britannique pour les Affaires étrangères,

à M. CHALLEMEL-LACOUR, Ambassadeur de la République française à Londres.

(TRADUCTION.)

Foreign-Office, 13 septembre 1881.

Monsieur l'Ambassadeur,

En me référant à la communication que Votre Excellence avait été chargée de me faire hier, au sujet de la reprise des négociations commerciales entre la Grande-Bretagne et la France, j'ai l'honneur de vous informer que le Gouvernement de Sa Majesté Britannique est tout disposé à accepter la proposition du Gouvernement français, en vue de la réunion de la Commission mixte à Paris, lundi prochain, 19 de ce mois, à la condition, proposée par vous, que le Gouvernement français, en apprenant la présente acceptation de son invitation, prendra immédiatement les mesures nécessaires pour proroger de trois mois, à partir du 8 novembre prochain, le traité en vigueur.

Je serai heureux de recevoir de Votre Excellence, le plus tôt que cela Lui sera possible, une déclaration à cet effet, afin de pouvoir donner aux membres de la Commission de Sa Majesté Britannique l'ordre de se rendre à Paris sans retard.

J'ai l'honneur, etc.

Charles W. Dilke.

N° 51.

M. Barthélemy-Saint Hilaire, Ministre des Affaires étrangères,

à M. Challemel-Lacour, Ambassadeur de la République à Londres.

(Dépêche télégraphique.)

Paris, 14 septembre 1881.

Vous pouvez annoncer officiellement à lord Granville et à sir Charles Dilke que la prorogation de trois mois, à partir du 8 novembre prochain, est accordée; la dépêche spéciale qui la contient vous sera expédiée demain.

Barthélemy-Saint Hilaire.

N° 52.

M. Barthélemy-Saint Hilaire, Ministre des Affaires étrangères,

à M. Challemel-Lacour, Ambassadeur de la République française à Londres.

Paris, 15 septembre 1881.

Monsieur, je vous envoie, en même temps que cette lettre, le texte officiel de la prorogation que nous accordons à l'Angleterre, pour la ratification du traité de commerce à intervenir, à partir du 8 novembre jusqu'au 8 février prochains. Les considérants qui précèdent l'article où la prorogation est expressément énoncée rappellent clairement les motifs qui nous ont décidés à nous rendre au désir du Cabinet anglais; je les ai indiqués déjà tout au long dans ma lettre du 6 de ce mois; mais je crois devoir y insister de nouveau, parce qu'ils ont, à nos yeux, une importance considérable dans nos rapports futurs avec le Parlement, lorsque nous aurons à obtenir de lui la ratification du traité que nous aurons conclu.

Notre premier motif, c'est que, croyant fermement à l'utilité des traités de commerce en général, nous sommes persuadés que le traité actuellement en discussion sera particulièrement profitable aux deux nations. A cet égard, nous ne pouvons partager les doutes qu'ont élevés quelques-uns des représentants les plus autorisés de la presse anglaise.

En second lieu, la réponse de M. Chamberlain à M. de Worms à la Chambre des communes, le discours du Trône à la clôture de la session du Parlement, et les entretiens de sir Charles Dilke avec mon collègue M. le Ministre du Commerce et avec moi, nous ont paru une preuve certaine du désir du Gouvernement anglais de conclure un traité de commerce avec nous.

Je vous prie de vouloir bien communiquer cette dépêche à lord Granville, et je vous autorise à lui en laisser copie, s'il le désire.

Agréez, etc.

BARTHÉLEMY-SAINT HILAIRE.

N° 53.

DÉCLARATION

RELATIVE À LA PROROGATION DES TRAITÉS DE COMMERCE ET DE NAVIGATION EXISTANT ENTRE LA FRANCE ET LA GRANDE-BRETAGNE.

Le Gouvernement de la République française et le Gouvernement de Sa Majesté Britannique, animés d'un égal et sincère désir d'arriver à la conclusion d'une convention commerciale,

Considérant que les négociations entamées à Londres, le 26 mai dernier, ont eu pour résultat de déterminer les points sur lesquels il y avait eu lieu d'établir une entente préalable ;

Considérant que la correspondance échangée depuis trois mois entre les deux Gouvernements ne laisse aucun doute sur la possibilité de conclure, dans le cours des présentes négociations, des traités de commerce et de navigation également satisfaisants pour les deux pays ;

Considérant qu'il importe au plus haut degré de mettre fin, dès à présent, à l'état d'incertitude où se trouve le commerce de la France et de la Grande-Bretagne, en ce qui concerne le régime auquel les relations commerciales et maritimes des deux pays seront soumises à l'expiration des traités existants ;

Conviennent de proroger pour une nouvelle période de trois mois, du

8 novembre au 8 février 1882, les Traités de commerce et de navigation en vigueur entre la France et la Grande-Bretagne.

Le bénéfice de cette prorogation s'appliquera aux actes conventionnels énumérés ci-après, savoir :

1° Traité de commerce du 23 janvier 1860;

2° Article additionnel du 25 février 1860;

3° Second article additionnel du 27 juin 1860;

4° Première Convention supplémentaire du 12 octobre 1860;

5° Seconde Convention supplémentaire du 5 novembre 1860;

6° Traité de commerce et de navigation du 23 juillet 1873;

7° Convention supplémentaire du 24 janvier 1874;

8° Déclaration du 24 janvier 1874.

En foi de quoi, les soussignés, agissant au nom de leurs Gouvernements respectifs, ont dressé la présente déclaration et y ont apposé le cachet de leurs armes.

Fait à Paris, en double exemplaire, le 21 septembre 1881.

L. S. Signé : BARTHÉLEMY-SAINT HILAIRE.

L. S. Signé : LYONS.

N° 54.

MÉMORANDUM

remis par lord LYONS, Ambassadeur d'Angleterre à Paris,

à M. GAMBETTA, Président du Conseil, Ministre des Affaires étrangères.

Paris, 12 janvier 1882.

Les dispositions suivantes sont les propositions définitives présentées par le Gouvernement de Sa Majesté relativement au tarif français :

TISSUS DE COTON.

Réduction de 20 p. 0/0 sur les droits actuels des écrus, et réduction des surtaxes pour le blanchiment et la teinture; et aussi, au cas où on ne conserverait pas les droits *à la valeur*, réduction des surtaxes pour l'impression et pour les articles de fantaisie.

Maintien des droits actuels de 60 francs et 85 francs respectivement sur les velours à côtes et les moleskines écrus, teints ou imprimés.

TISSUS DE LAINE.

I. Purs, ne dépassant pas 500 grammes au mètre carré	90 francs.
Dépassant 500 grammes	50
II. Mélangés, la laine ou la laine d'effilochage prédominant avec chaîne de coton ou avec chaîne et trame mélangées de coton, ne dépassant pas 200 grammes au mètre carré	90
De 201 grammes à 550 grammes	50
Au-dessus de 550 grammes	30

TISSUS D'ALPACA.

Purs ou mélangés, suivront le régime des tissus de laine purs ou mélangés.

CUIR.

Maintien du droit actuel de 10 francs par 100 kilogrammes applicable aux « peaux non dénommées, autres ».

JUTE.

Maintien du tarif conventionnel actuel pour les tissus, si ledit tarif doit être maintenu pour les filés.

Pour les autres marchandises, le tarif conventionnel français établi par les traités que la France vient de conclure, ainsi que les offres faites par la France au Royaume-Uni, devront être adoptés et annexés au traité à conclure entre la Grande-Bretagne et la France. On demande toutefois au Gouvernement français d'exécuter les engagements pris par les Commissaires français dans la 37e séance de la Commission mixte, à savoir : examiner à nouveau les observations présentées par les Commissaires anglais au sujet des marchandises suivantes :

N° 349. Fils de bourre de soie.
N° 375. Guipures.
N° 382. Dentelles.
N° 394. Bonneterie de laine.
N° 420. Peaux : cuir du Levant.

Quant aux tulles (n° 380) qui intéressent l'industrie anglaise, on a compris que les Commissaires français avaient dit qu'il serait accordé des concessions à la Suisse. On demande que ces concessions soient insérées au traité avec la Grande-Bretagne.

Il est deux autres articles, savoir : les huiles minérales et l'acier partiellement ouvré, surtout les lingots et les massiaux, à propos desquels il a été fait des remarques et des propositions que les Commissaires français ne semblent pas avoir parfaitement comprises :

1° Quant aux huiles minérales anglaises, on a fait remarquer que, leur densité étant supérieure à celle du pétrole, on peut facilement établir une ligne de démarcation au moyen d'une densité fixée d'un commun accord; et l'on a proposé, sous réserve d'examen, de fixer cette ligne de démarcation à 805 pour les huiles raffinées et à 825 pour les huiles brutes. Il a été objecté qu'on pourrait frauder le Trésor français, en mélangeant les huiles d'Écosse avec du pétrole. Toutefois, si l'écart du droit est fixé, disons à environ 4 francs par 100 kilogrammes, somme supérieure au coût du transport et autres frais accessoires, tout danger de fraude de ce chef disparaît.

2° Quant à l'acier partiellement ouvré, on fait observer qu'on demande simplement d'insérer au tarif un article qui n'est pas dénommé. Le fer en partie ouvré est dénommé au tarif français entre la fonte brute et le fer fini; ce qu'on demande, c'est que l'acier en partie ouvré soit dénommé au tarif français, comme il l'est dans celui des États-Unis et ceux de divers États d'Europe. L'acier partiellement ouvré peut se classer comme suit : 1° lingots fondus bruts; 2° lingots laminés et forgés en massiaux ou *billets*, soit en masses informes d'acier. Le Gouvernement de Sa Majesté pense qu'on devrait, au moins, frapper d'un droit inférieur les « lingots d'acier fondu brut « non ouvrés » dont la surface et une des extrémités sont toujours plus ou moins rugueuses et qui présentent, le plus souvent, des crevasses ou des soufflures et qui se distinguent facilement de l'acier fini.

N° 55.

NOTE

DE M. ROUVIER, MINISTRE DU COMMERCE,

remise par M. Gambetta, Président du Conseil, Ministre des Affaires étrangères,

à lord Lyons, Ambassadeur d'Angleterre.

Paris, 25 janvier 1882.

TISSUS DE COTON.

L'état de l'industrie cotonnière en France ne permet pas d'accueillir la demande d'une réduction de 20 p. 0/0 sur les droits actuels des tissus de coton écrus. Toutefois, pour marquer une fois de plus que le Gouvernement de la République est disposé à améliorer le *statu quo* dans une juste mesure, il offre d'établir comme suit le tarif des deux premières classes de tissus écrus :

N° 364. 11 KILOGRAMMES ET PLUS AUX 100 MÈTRES CARRÉS.

30 fils et moins	47f 50c
31 à 35 fils	60 00
36 fils et plus	72 00

7 KILOGRAMMES INCLUSIVEMENT À 11 KILOGRAMMES EXCLUSIVEMENT AUX 100 MÈTRES CARRÉS.

35 fils et moins	60f
36 à 43 fils	100
44 fils et plus	170

Les droits proposés pour les 3 classes des 11 kilogrammes et plus constituent une nouvelle concession sur les propositions faites précédemment. D'un autre côté, il faut remarquer qu'il s'agit ici d'une marchandise déjà taxée au droit spécifique par le traité de 1860. La comparaison entre le droit existant et celui proposé est donc simple et facile, et ne laisse aucune place à des divergences d'appréciation. La moyenne des droits des tissus de coton écrus (11 kilogrammes et plus et 7 à 11 kilogrammes) ressort, d'après le traité de 1860, à environ 98 francs; d'après les nouvelles propositions du Gouvernement français, elle ressortirait à 85 francs environ; c'est donc une amélioration de près de 14 p. 0/0.

La surtaxe pour le blanchiment, la teinture, l'impression, etc., ne peut être réduite au delà des concessions déjà accordées par les Commissaires français; mais il ne faut pas perdre de vue que l'abaissement du droit sur le tissu écru devant profiter aux tissus teints, imprimés, etc., il en résulte une indéniable amélioration sur le régime de ces derniers.

CORDS ET MOLESKINES.

Le maintien des droits actuels de 60 et 85 francs sur les velours à côtes et les moleskines n'est pas possible. C'est, en effet, par suite d'une erreur du négociateur de 1860 que ces étoffes ont été taxées à un prix inférieur au droit du tissu écru. Cette erreur a été relevée par la Commission parlementaire des tarifs de douane. Il n'y a aucune possibilité de faire admettre qu'une erreur matérielle doive être consacrée de nouveau, au moment où l'on renouvelle le traité pour dix ans, et il est bien difficile de soutenir qu'un tissu dont la préparation exige un supplément de main-d'œuvre doit payer le même droit que l'écru.

TISSUS DE LAINE PURE.

La demande faite par le Gouvernement de Sa Majesté Britannique tendant à réduire le droit sur les tissus de laine pure à 90 francs et à 50 francs ne peut être accueillie; mais, pour donner une nouvelle preuve de son désir d'arriver à une entente, le Gouvernement de la République consent à faire une nouvelle concession sur les offres antérieures. Il propose d'établir comme suit le tarif des tissus de laine pure :

N° 392. Autres, pesant au mètre carré :

400 grammes au plus	125f
De 401 grammes à 550 grammes	105
Plus de 550 grammes	90

Cette nouvelle proposition constitue une réduction de 6 p. 0/0 sur les droits inscrits dans le récent traité avec la Belgique; la réduction est d'environ 40 p. 0/0, si l'on compare les droits ci-dessus à ceux inscrits dans le tarif général français.

TISSUS DE LAINE MÉLANGÉE.

Le tarif des tissus de laine mélangée, la laine dominant en poids, a déjà été l'objet, au cours des négociations, de réductions successives qui rendent difficile un nouvel abaissement des droits. Il est, dans tous les cas, impossible d'accepter la tarification proposée par le Gouvernement de la Reine et qui aurait ce double effet : 1° de confondre en une seule classe les tissus de laine mélangée avec ou sans *renaissance;* 2° de réduire les droits de cette catégorie ainsi unifiée à 90, 50 et 30 francs.

Il est indispensable de maintenir la distinction entre les tissus mélangés ne renfermant que de la laine mère et du coton, et ceux dans lesquels entre une certaine proportion de laine dite *renaissance*.

Pour les premiers, le Gouvernement de la République consent à une réduction nouvelle et, comme dernière limite de ses concessions, propose les droits suivants :

N° 403. Draps, casimirs

et autres tissus foulés, chaine coton; tissus ras non foulés, la laine dominant, pesant au mètre carré :

200 grammes au plus	130f
201 à 300 grammes inclusivement	80
301 à 400 grammes inclusivement	70
401 à 550 grammes inclusivement	55
551 à 700 grammes inclusivement	50
Plus de 700 grammes	35

Les tissus mélangés laine et coton et renaissance formeraient une classe spéciale, définie et taxée comme suit :

DRAPS, CASIMIRS, ETC.

chaine-coton, la trame exclusivement *renaissance* ou en *renaissance* et coton, le coton ne dépassant pas 10 p. 0/0 du poids total de la trame :

200 grammes au plus	91f 00c
De 201 à 300 grammes inclusivement	56 00
De 301 à 400 grammes inclusivement	49 00
De 401 à 550 grammes inclusivement	38 50
De 551 à 700 grammes inclusivement	35 00
Plus de 700 grammes	24 50

Le maintien de cette dernière proposition est lié à l'acceptation, par les Commissaires du Gouvernement de Sa Majesté, de la définition ci-dessus transcrite, toute modification de cette définition pouvant devenir une cause de fraude ou d'erreur.

TISSUS D'ALPACA.

Il a été expliqué, à diverses reprises, au cours des négociations, pour quelles raisons la demande relative à ces tissus ne peut être accueillie.

PEAUX.

Le nouveau tarif général a élevé le droit sur les peaux à 50 francs. Les Commissaires français ont déjà offert de diviser les peaux non déterminées en deux classes, savoir :

N° 420. Peaux autres, etc.

Peaux corroyées	20f
Peaux tannées	15

Ils consentent aujourd'hui à réduire le droit de cette dernière classe à 10 francs; mais il est impossible d'étendre cette concession aux peaux corroyées.

JUTE.

Sur ce point, il y a accord entre les deux Gouvernements.

DIVERS.

Les Commissaires français ont examiné de nouveau les divers points signalés à leur attention par les Commissaires anglais dans la 37e séance de la Commission et rappelés dans le memorandum. Il résulte de ce nouvel examen qu'aucun changement ne peut être fait sur les précédentes propositions, en ce qui touche les articles suivants :

N° 349. Fils de bourre de soie.
N° 382. Dentelles.
N° 420. Peaux, cuir du Levant.

Par contre, le Gouvernement de la République consent à de nouvelles concessions sur les articles ci-après :

N° 375. Guipures.

Réduction de 120 francs à 100 francs.

N° 394. Bonneterie de laine pure et de laine mélangée.

Ganterie et vêtements non ajustés, réduction du droit de 425 francs à 300 francs.

N° 380. Tulles.

Aux termes des propositions antérieures du Gouvernement français, les tulles auraient été soumis à un droit de 400 francs. Il consent aujourd'hui à établir deux classes :

Tulles pesant, les 100 mètres carrés :

4 kilogrammes et au-dessus.. 200f
Au-dessous de 4 kilogrammes.. 400

HUILES MINÉRALES.

L'objection formulée par les Commissaires français contre la réduction du droit sur les huiles minérales d'Écosse n'est pas détruite par les explications de la Note anglaise. Il n'est pas contestable qu'on peut modifier à l'infini la densité des huiles minérales par un mélange d'huiles d'origines diverses. Si faible que puisse paraître l'écart de 4 francs proposé par les Commissaires anglais, il serait encore suffisant pour permettre la fraude; d'ailleurs, le droit sur les huiles minérales n'a aucun caractère protecteur, c'est un droit purement fiscal.

ACIER NON OUVRÉ.

Sur ce dernier point, il est possible de donner satisfaction au Gouvernement de la Reine.

Il y a, en effet, deux espèces de lingots d'acier :

1° Ceux de grande dimension destinés à fabriquer des rails, des bandages, des essieux, etc.;

2° Ceux de petite dimension composés de la contenance d'un creuset ordinaire, et destinés principalement à faire des barres d'acier à outils.

Ces derniers ont une assez grande valeur; la demande d'un droit réduit ne se justifierait point.

Mais il n'en est pas ainsi des premiers. La Note anglaise, précisant qu'il s'agit seulement des gros lingots d'acier fondu, brut, non ouvrés, le Gouvernement de la République est disposé à accorder, pour ces lingots, un traitement de faveur; il propose de les assimiler au fer en barres et de les admettre au droit de 5 francs.

Il doit être seulement bien entendu que l'article du tarif relatif à ce produit sera accompagné d'une note définissant avec précision que le droit de 5 francs ne sera applicable qu'aux gros lingots d'acier fondu, brut, non ouvrés, dont la surface et une des extrémités sont plus ou moins rugueuses et présentent le plus souvent des crevasses et des soufflures, et qui sont composés d'acier obtenu par les procédés Bessemer, Martins, Siemens ou autres procédés analogues.

Il est bien entendu que les marchandises non mentionnées dans le memorandum remis par Son Excellence lord Lyons bénéficieraient du régime conventionnel résultant des traités conclus entre la France et les autres Pays, et que les offres faites par les Commissaires français aux Commissaires du Royaume-Uni sont maintenues et seraient inscrites dans le tarif annexé au traité à conclure entre la France et la Grande-Bretagne.

En résumé, si le Gouvernement de la République ne peut adopter dans son intégralité l'arrangement proposé par le Gouvernement de la Reine, il résulte des nouvelles propositions ci-dessus qu'il accorde de nouvelles et importantes concessions sur les tissus de coton, de laine pure et mélangée, les peaux, les guipures, la bonneterie, les tulles et l'acier non ouvré, c'est-à-dire sur les principaux articles visés par la demande des Commissaires anglais.

N° 56.

NOTE SOMMAIRE

RÉSUMANT LES VUES DU GOUVERNEMENT ANGLAIS

SUR LES DERNIÈRES PROPOSITIONS DU GOUVERNEMENT DE LA RÉPUBLIQUE,

remise à M. DE FREYCINET, Président du Conseil, Ministre des Affaires étrangères,

par lord LYONS, Ambassadeur d'Angleterre.

Paris, 8 février 1882.

L'accord entre le Gouvernement de la République et le Gouvernement de Sa Majesté Britannique ne semblerait possible qu'en tant qu'on s'entendrait sur les questions qui concernent spécialement les tissus de coton et de laine.

Quant aux tissus de coton, le Gouvernement anglais avait demandé qu'on voulût bien réduire, à cause de la répercussion sur les blanchis, les teints, les imprimés, etc., les droits spécifiques sur les écrus, c'est-à-dire :

N° 364. 11 KILOGRAMMES ET PLUS AUX 100 MÈTRES CARRÉS.

30 fils et moins	de 50f	à 40f
31 à 35 fils	50	40
36 fils et plus	80	64

7 KILOGRAMMES À 11 KILOGRAMMES, 5 KILOGRAMMES À 7 KILOGRAMMES ET 3 KILOGRAMMES À 5 KILOGRAMMES.

Dans ces trois classes, des réductions proportionnées, c'est-à-dire de 20 p. o/o sur le tarif conventionnel actuel.

Les dernières propositions du Gouvernement de la République, sur toutes les classes du n° 364, en regard du *statu quo* et des demandes anglaises, ont été les suivantes :

	Statu quo.	Proposition française.	Proposition anglaise.
11 KILOGRAMMES.			
30 fils et moins	50f	47f 50c	40f
31 à 35 fils	50	60	40
36 fils et plus	80	72	64

	Statu quo.	Proposition française.	Proposition anglaise.
	—	—	—
7 KILOGRAMMES À 11 KILOGRAMMES.			
35 fils et moins	60f	60f	48f
36 à 43 fils	100	100	80
44 fils et plus	200	170	160
5 KILOGRAMMES À 7 KILOGRAMMES.			
27 fils et moins	80	80	64
28 à 35 fils	120	117	96
36 à 43 fils	190	190	152
44 fils et plus	300	242	240
3 KILOGRAMMES À 5 KILOGRAMMES.			
20 fils et moins	80	110	64
21 à 27 fils	80	148	64
28 à 35 fils	120	193	96
36 à 43 fils	190	270	152
44 fils et plus	300	403	240

Le Gouvernement de Sa Majesté Britannique se croit en devoir d'insister pour l'adoption des taux inscrits à la troisième colonne ci-dessus :

Dans la classe de 11 kilogrammes, parce que les réductions proposées par le Gouvernement de la République ne représentent que 5 et 10 p. 0/0, en regard d'une augmentation de 20 p. 0/0 sur une catégorie qui, pour l'Angleterre, est d'une importance capitale;

Pour la classe de 7 à 11 kilogrammes et de 5 à 7 kilogrammes, parce que les réductions proposées par le Gouvernement de la République sont très modiques et d'autant plus sans importance que les augmentations sur la classe de 3 à 5 fils sont extrêmement fortes.

Le Gouvernement de Sa Majesté Britannique est cependant prêt à renoncer à ses demandes sur les écrus, si le Gouvernement de la République veut bien maintenir, comme arrangement temporaire, les droits *ad valorem* actuellement en vigueur pour les tissus non écrus.

Quant aux *cords* et *moleskines*, le Gouvernement de Sa Majesté se voit dans la nécessité d'insister sur le maintien du *statu quo*, soit 60 et 85 francs pour les écrus et les teints, au lieu des droits proposés de 72 et 97 francs.

Le Gouvernement anglais attache, de même, une importance capitale à la réduction des droits proposés par le Gouvernement de la République pour les lainages.

Quant aux tissus de laine pure, il trouve que les droits de 130, 110 et 96 francs sont encore plus élevés qu'il ne devraient l'être, et qu'ils seraient plus équitables en deux classes d'au-dessous et au-dessus de 500 grammes.

Il croit que les droits des tissus mélangés, laine dominante, ne sauraient dépasser 90 francs pour la classe de 200 grammes au plus, et qu'il serait avantageux de réduire les cinq classes proposées à trois, avec les droits à l'échelle de 90, 50 et 30 francs.

La catégorie des tissus mélangés de renaissance serait plus acceptable, si on modifiait la définition qui établit ou plutôt restreint à 10 p. 0/0 la proportion de coton dans la trame et si, au lieu de trame coton et chaîne coton et renaissance, on admettait chaîne et trame coton ou mélange de coton et renaissance.

On ne prévoit, du reste, aucune difficulté pour arriver à une entente sur tous les points, indépendamment de ceux qui concernent les droits dont il vient d'être traité.

N° 57.

NOTE

DE M. TIRARD, MINISTRE DU COMMERCE, EN RÉPONSE AU MÉMORANDUM REMIS LE 8 FÉVRIER 1882, PAR LORD LYONS, AU NOM DU GOUVERNEMENT DE SA MAJESTÉ BRITANNIQUE.

Paris, 11 février 1882.

Dans une nouvelle note, en date du 8 février courant, le Gouvernement de Sa Majesté Britannique déclare que « l'accord entre les deux Gouvernements ne semblerait possible qu'autant qu'on s'entendrait sur la question « qui concerne spécialement les tissus de coton et de laine. » Et, à la suite de cette déclaration, la note reproduit, dans un tableau, les chiffres du tarif actuellement en vigueur, ceux offerts par le Gouvernement français et ceux demandés par le Gouvernement anglais. Ce tableau est suivi d'un exposé des motifs pour lesquels le Gouvernement de Sa Majesté se croit en devoir d'insister pour l'adoption de ses propositions.

Sans rentrer dans tous les détails d'une discussion désormais épuisée, le Ministre du Commerce croit devoir maintenir intactes, et comme concessions dernières, les offres faites par son prédécesseur, l'honorable M. Rouvier. Ces concessions produisent, en effet, une diminution énorme sur les chiffres de notre tarif général et une sensible amélioration, dans le sens libéral, de notre tarif conventionnel actuel.

Le premier article de la catégorie des tissus de coton de 11 kilogrammes est en diminution de 2 fr. 50 cent. sur ce dernier tarif. Le deuxième, de 31 à 35 fils, contient, en réalité, pour les raisons maintes fois indiquées, une augmentation de 10 francs. Mais cette augmentation est très fortement compensée par une diminution de 8 francs sur le dernier article, de 36 fils et plus, qui est, de beaucoup, le plus important de la série de 11 kilogrammes.

La catégorie de 7 à 11 kilogrammes ne contient aucune augmentation et présente, au contraire, une diminution de 30 francs sur le dernier article, celui de 44 fils et plus.

La catégorie de 5 à 7 kilogrammes ne contient également que des diminutions : 3 francs sur les 28 à 35 fils et 58 francs sur les 42 fils et plus.

Ces diminutions sont, à la vérité, compensées par les augmentations introduites dans la nouvelle catégorie créée pour les articles de 3 à 5 kilogrammes; mais, ainsi qu'on l'a souvent démontré, cette catégorie n'intéresse nullement l'industrie anglaise et les motifs qui ont déterminé ces augmentations sont tellement justifiés par la démonstration des erreurs du tarif de 1860 que les Puissances les plus intéressées n'ont pu s'empêcher de le reconnaître et d'accepter les rectifications proposées.

Le Gouvernement de la Reine déclare qu'il est prêt à renoncer à ses demandes sur les écrus, si le Gouvernement de la République veut bien maintenir, comme arrangement temporaire, les droits *ad valorem* actuellement en vigueur pour les tissus non écrus.

Cette proposition n'est point admissible. La transformation des droits *ad valorem* en droits spécifiques a été impérativement réclamée par l'unanimité des corps délibérants de France : Chambres de commerce, Chambres consultatives des arts et manufactures, Conseil supérieur, Chambre des Députés et Sénat, pour faire cesser les abus, les fraudes et les difficultés auxquels a toujours donné lieu la perception des droits *ad valorem*. Et nous devons ajouter que, pour les tissus blanchis, teints et imprimés, après les concessions considérables qui ont été consenties au cours des négociations, les droits proposés présentent, dans leur ensemble, une réelle amélioration de l'état actuel.

Quant aux *cords* et *moleskines*, il a été constaté, et MM. les Commissaires anglais ne l'ont jamais contesté, que le poids de ces articles aux 100 mètres carrés est toujours supérieur à 11 kilogrammes, avec duitage dépassant 36 fils en chaîne et trame, et qu'il est, par conséquent, impossible de ne pas leur accorder des droits au moins égaux à ceux des tissus simples de la même catégorie, soit 72 francs pour les écrus et 97 francs pour les teints ou imprimés. Cette assimilation s'impose d'autant plus que la fabrication des *cords* et *moleskines* nécessite une main-d'œuvre et des frais supérieurs à ceux de la fabrication des tissus ordinaires.

En ce qui concerne les tissus de laine, le Gouvernement français ne peut absolument pas descendre au-dessous des chiffres consentis, en dernier lieu, par M. Rouvier. Le droit de 130 francs pour les étoffes de laine pure pesant, au mètre carré, 400 grammes au plus sacrifie déjà une grande partie des articles de laine peignée et sera très difficile à faire accepter par les Chambres, car le Conseil supérieur et le Comité consultatif avaient fixé la limite extrême de ce droit à 170 francs. Il en est de même des autres articles, dont la moyenne représente très certainement une taxation inférieure à 10 p. o/o. La démonstration en a été faite si souvent qu'il est inutile de la reproduire ici.

La même observation s'applique aux tissus de laine mélangée de coton qui, avec les propositions de M. Rouvier, notamment en ce qui concerne les *renaissances*, sont réduits à des tarifications extrêmement difficiles à faire accepter par le Parlement; les réduire encore serait courir à un échec certain.

Nous devons, d'ailleurs, faire observer que le tarif conventionnel, tel qu'il résultera de l'ensemble de nos négociations, s'il est voté par les Chambres, constituera, en ce qui concerne les tissus de coton et de laine, le tarif le plus modéré des Puissances concurrentes du continent européen; c'est ce que nous démontrons dans les tableaux ci-annexés.

Nous estimons donc qu'en maintenant les propositions de M. Rouvier, le Gouvernement français dépasse de beaucoup les limites qui lui ont été tracées par le Parlement, lors de la discussion du Tarif général des Douanes et qu'il est difficile d'aller au delà. Ces propositions doivent donc être considérées comme un dernier mot absolument définitif.

Nous devons même faire une réserve, en ce qui concerne les lingots d'acier fondu bruts, non ouvrés, que, dans sa note de janvier, M. Rouvier a assimilés, par erreur et contrairement à sa propre pensée, aux fers en barres, avec le droit de 5 francs, au lieu de les assimiler, comme il en avait la ferme intention, aux rails d'acier, avec un droit de 6 francs. Nous sommes obligés de relever cette erreur, qui ne présente qu'un très mince intérêt pour la métallurgie anglaise et qui serait de nature à nous causer au Parlement les plus graves difficultés.

En résumé, et pour arriver au terme de ces longues et pénibles discussions, nous croyons pouvoir affirmer qu'avec les diminutions consenties sur les métaux et sur bon nombre d'autres articles importants, le Gouvernement de la République a loyalement recherché les moyens d'améliorer le *statu quo*, surtout si l'on veut bien tenir compte des lourdes charges financières et militaires que les événements de 1870-1871 ont imposées à l'agriculture, à l'industrie et au commerce français.

Il ne nous reste donc plus aujourd'hui qu'à attendre l'acceptation de nos dernières propositions par le Gouvernement de Sa Majesté et la réponse à nos demandes en ce qui concerne l'entrée des vins français en Angleterre.

ANNEXES.

TABLEAU COMPARATIF DES DROITS SUR LES TISSUS DE LAINE. — TISSUS DE LAINE PURE.

Draps, casimirs et autres tissus foulés et autres tissus ras, non foulés :	FRANCE.	BELGIQUE.	ALLEMAGNE.	AUTRICHE.	ITALIE. Laine peignée.	ITALIE. Laine cardée.
Étoffes pour ameublement : Plus de 400 grammes aux 100 mètres superficiels.	100f	260f ou 10 p. o/o *ad valorem.*	200gr ou moins : 275f Plus de 200gr : 168f 75c	150f	200f	150f
Autres : pesant 400 grammes au plus....	130	*Idem.*	168 75	150	200	150
Autres : pesant de 401 à 550 grammes...	110	*Idem.*	168 75	150	200	150
Autres : pesant plus de 550 grammes...	106	*Idem.*	168 75	150 (100f au-dessus de 600gr).	200	150
Tapis moquettes bouclées......	45	*Idem.*	125 00	75f	110f	
Tapis moquettes veloutées.....	55	*Idem.*	125 00	75	110	
Tapis à la Jacquard..........	80	*Idem.*	125 00	75	110	

TABLEAU COMPARATIF DES DROITS SUR LES TISSUS DE LAINE. — LAINES MÉLANGÉES.

Draps, casimirs et autres tissus foulés, chaîne coton; tissus ras non foulés, la laine dominant; au mètre superficiel :	FRANCE.	BELGIQUE.	ALLEMAGNE.	AUTRICHE.	ITALIE. Laine peignée.	ITALIE. Laine cardée.
De 200 grammes au plus........	130f	260f ou 10 p. o/o *ad valorem.*	168f 75c	200f	100f	155f
De 200 à 300 grammes inclusivemt.	80	*Idem.*	*Idem.*	200	*Idem.*	*Idem.*
De 301 à 400 grammes..........	70	*Idem.*	*Idem.*	200	*Idem.*	*Idem.*
De 401 à 550 grammes..........	55	*Idem.*	*Idem.*	200f et 150f	*Idem.*	*Idem.*
De 551 à 700 grammes..........	50	*Idem.*	*Idem.*	150f et 100f	*Idem.*	*Idem.*
Plus de 700 grammes...........	35	*Idem.*	*Idem.*	100f	*Idem.*	*Idem.*

ARTICLES SPÉCIAUX POUR LES DRAPS FABRIQUÉS AVEC DES LAINES DITES *SHODDY* OU *RENAISSANCE*.

Draps, casimirs, etc. Chaîne coton, la trame exclusivemt en renaissance ou en renaissance et coton, le coton ne dépassant pas 10 % du poids total de la trame.		FRANCE.	BELGIQUE.	ALLEMAGNE.	AUTRICHE.	ITALIE. Laine peignée.	ITALIE. Laine cardée.
	200gr au plus	91f 00c	260f ou 10 p. o/o *ad valorem.*	168f 75c	200f	100f	155f
	201 à 300gr	56 00	*Idem.*	*Idem.*	200	*Idem.*	*Idem.*
	301 à 400gr	49 00	*Idem.*	*Idem.*	200	*Idem.*	*Idem.*
	401 à 550gr	38 50	*Idem.*	*Idem.*	200f et 150f	*Idem.*	*Idem.*
	551 à 700gr	35 00	*Idem.*	*Idem.*	150f et 100f	*Idem.*	*Idem.*
	Plus de 700gr	24 50	*Idem.*	*Idem.*	100f	*Idem.*	*Idem.*

TABLEAU COMPARATIF DES DROITS SUR LES TISSUS DE COTON.

TISSUS PESANT :	FRANCE.	BELGIQUE.	ALLEMAGNE.	AUTRICHE.	ITALIE.
1° 11 kilogr. et plus aux 100 mètres superficiels :					27 fils et moins
30 fils et moins..............	47f 50c	50f	100f	80f	57f
31 à 35 fils..................	60 00	50	100	80	64
36 fils et plus...............	72 00	80	100	80	64
2° 7 kilogr. inclusivement à 11 kilogr. inclusivement :					
35 fils et moins..............	60 00	60	150	80	75
36 à 43 fils..................	100 00	100	150	80f et 125f	75
44 fils et plus...............	170 00	200	150	125f	75
3° 5 kilogr. inclusivement à 7 kilogr. inclusivement :					
27 fils et moins..............	80 00	80	150	150	100
28 à 35 fils..................	117 00	120			
36 à 43 fils..................	190 00	190			
44 fils et plus...............	242 00	300			
4° 3 à 5 kilogr. inclusivement :					
20 fils et moins..............	110 00	80	150	150	100
21 à 27 fils..................	148 00	80			100
28 à 35 fils..................	193 00	120			100
36 à 43 fils..................	270 00	190			300
44 fils et plus...............	403 00	300			300

N° 58.

M. DE FREYCINET, Président du Conseil, Ministre des Affaires étrangères,

à lord LYONS, Ambassadeur d'Angleterre.

Paris, 14 février 1882.

Mon cher Ambassadeur, M. Tirard a étudié avec le plus grand soin la note que vous avez bien voulu me remettre le 8 février, et il ne pense pas qu'il soit possible, au point de vue commercial, de faire aucune réduction sur les chiffres indiqués dans la réponse de M. Rouvier.

Toutefois, afin de vous prouver ma bonne volonté et mon vif désir de resserrer les relations cordiales qui existent entre nos deux Gouvernements, je crois pouvoir prendre sur moi d'introduire les réductions ci-après:

Cotons: 11 kilogrammes, 30 fils et moins, au lieu de 47 fr. 50 cent., 45 fr.; 31 à 35 fils, au lieu de 60 francs, 55 francs.

Cords et moleskines, au lieu de 72 et 97 francs, respectivement 65 et 90 fr.

Tissus de laine pure, au lieu de 130, 110 et 96 francs, respectivement 125, 105 et 90 francs.

Tous les autres chiffres sont maintenus comme dans la lettre de M. Rouvier.

Je croirais manquer à la franchise que je vous dois dans ces conversations amicales, si je ne vous disais que les concessions ci-dessus indiquées sont les dernières que je pourrais proposer au Gouvernement et aux Chambres.

Agréez, etc.

C. de Freycinet.

P. S. Je pense que vous n'aurez aucune objection à mettre 6 francs au lieu de 5 francs, chiffre qui a été fixé, par erreur, par M. Rouvier, en ce qui concerne les lingots d'acier fondu, bruts, non ouvrés. M. Rouvier a voulu, comme de raison, les assimiler aux rails d'acier, dont le droit est de 6 francs et non de 5 francs, ainsi qu'il l'avait supposé en rédigeant sa note.

N° 59.

M. le Comte Granville, Principal Secrétaire d'État de Sa Majesté Britannique, pour les Affaires étrangères,

à lord Lyons, Ambassadeur d'Angleterre à Paris.

(Extrait du *Blue Book.*)

TRADUCTION.

Foreign Office, 15 février 1882.

Milord, j'ai l'honneur d'accuser réception de la dépêche, en date d'hier, par laquelle Votre Excellence m'a transmis une note de M. de Freycinet formulant les propositions définitives du Gouvernement français, en ce qui concerne le tarif français, dans la négociation d'un nouveau traité de commerce avec la France.

Je regrette que le Gouvernement de Sa Majesté ne puisse considérer les concessions actuellement offertes par M. de Freycinet comme l'équivalent au *statu quo.* La situation de l'industrie britannique en face du nouveau tarif français a été complètement exposée dans mes dépêches antérieures, et il est inutile d'entrer aujourd'hui, à cet égard, dans aucune considération de détail Pour les cotons, les conditions proposées aujourd'hui ne satisfont pas aux réclamations présentées par le Gouvernement de Sa Majesté, en ce qui concerne les tissus imprimés et les tissus de fantaisie, sur lesquels on entend substituer des taxes spécifiques aux droits *ad valorem* actuels. Le *statu quo* n'est pas maintenu pour les cords et moleskines. Relativement aux lainages, si l'on accorde quelque réduction pour les tissus de pure laine, rien n'est proposé pour les tissus de laine mélangée, qui forment l'un des principaux sujets de réclamation de la part du Gouvernement de Sa Majesté, en raison de la manière dont il a été procédé à la conversion en taxes spécifiques des droits *ad valorem* inscrits aujourd'hui dans le tarif français et tels qu'ils ont été établis par le traité de 1860.

Je dois, en conséquence, vous faire connaître qu'à moins que le Gouvernement français n'examine encore la question, et que, prenant pour point de départ le maintien effectif du *statu quo* et la conversion des droits *ad valorem* en taxes spécifiques dans des conditions favorables et équivalentes, il ne consente soit à adopter les dernières propositions du Gouvernement de Sa Majesté, soit à continuer, par mesure temporaire, l'application des droits *ad valorem* en attendant l'établissement d'une entente pour leur conversion *bona fide* en droits spécifiques, le Gouvernement de Sa Majesté a, pour sa part, le regret de déclarer qu'il ne lui paraît pas qu'aucun résultat utile puisse être atteint par de nouvelles tentatives pour négocier un traité avec tarif.

Dans cette éventualité, je dois prier Votre Excellence de continuer la négociation sur la base d'un traité stipulant le traitement de la nation la plus favorisée, telle qu'elle est posée dans ma dépêche du 10 ce mois.

J'ai l'honneur, etc.

GRANVILLE.

N° 60.

M. DE FREYCINET, Président du Conseil, Ministre des Affaires étrangères,

à lord LYONS, Ambassadeur d'Angleterre à Paris.

Paris, 23 février 1882.

Mon cher Ambassadeur, le Conseil a reconnu que toutes les combinaisons dont nous avons parlé ont l'inconvénient de ne pas placer la France et l'Angleterre sur un pied d'égalité, en ce sens que l'Angleterre pourrait, à tout instant, se dégager, tandis que la France ne le pourrait pas. Mais nous avons pensé que cet inconvénient pourrait être évité, en même temps qu'on atteindrait l'avantage que nous avons en vue, à savoir : éviter l'application du tarif général, au moyen d'un projet de loi que nous présenterons aujourd'hui et qui concéderait directement à l'Angleterre le traitement de la nation la plus favorisée. De la sorte, chaque pays resterait maître de ses actes, puisque nous pourrions aussi bien abroger cette loi que vous-mêmes élever vos tarifs, et cependant, en fait, nous jouirions indéfiniment, les uns et les autres, des tarifs réduits.

J'espère que vous approuverez cette idée de M. Tirard, qui nous a paru aussi simple qu'efficace.

Croyez-moi, etc.

C. DE FREYCINET.

N° 56.

LOI

RELATIVE AU RÉGIME DOUANIER APPLICABLE AUX PRODUITS ANGLAIS, LORS DE LEUR ENTRÉE EN FRANCE.

Le Sénat et la Chambre des Députés ont adopté,

Le Président de la République promulgue la loi dont la teneur suit :

Art. 1er. A partir de la promulgation de la présente loi, les marchandises d'origine ou de manufactures anglaises seront soumises, à leur entrée en France, au même traitement que celles des nations les plus favorisées.

Art. 2. Les dispositions de l'article ci-dessus ne seront point applicables aux produits coloniaux, qui restent soumis aux conditions du tarif général des douanes.

La présente loi, délibérée et adoptée par le Sénat et par la Chambre des Députés, sera exécutée comme loi de l'État.

Fait à Paris, le 27 février 1882.

JULES GRÉVY.

Par le Président de la République :

Le Président du Conseil, Ministre des affaires étrangères,
C. DE FREYCINET.

Le Ministre du Commerce,
P. TIRARD.

www.ingramcontent.com/pod-product-compliance
Ingram Content Group UK Ltd.
Pitfield, Milton Keynes, MK11 3LW, UK
UKHW021309190726
13839UKWH00007B/564

9 782329 555805